Mária Šmidová
Krzysztof Trębski
Mária Nemčíková

La famiglia con un bambino disabile:

Mária Šmidová
Krzysztof Trębski
Mária Nemčíková

La famiglia con un bambino disabile:

problematiche, interventi, soluzioni

Edizioni Sant'Antonio

Imprint

Cover image: www.ingimage.com

Publisher:
Edizioni Accademiche Italiane
is a trademark of
International Book Market Service Ltd., member of OmniScriptum Publishing Group
17 Meldrum Street, Beau Bassin 71504, Mauritius
Printed at: see last page
ISBN: 978-613-8-39379-5

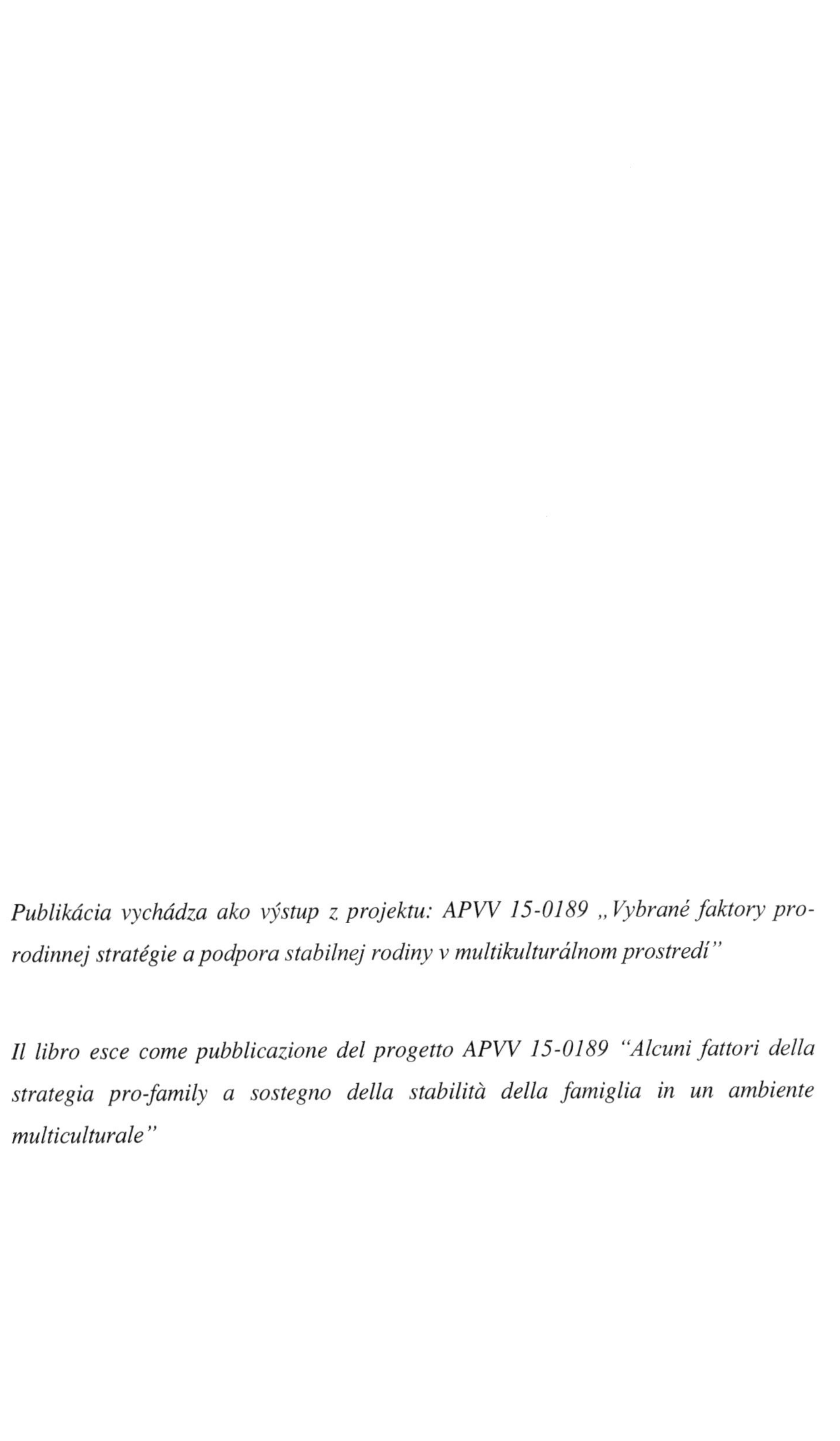

Publikácia vychádza ako výstup z projektu: APVV 15-0189 „Vybrané faktory pro-rodinnej stratégie a podpora stabilnej rodiny v multikultúrnom prostredí"

Il libro esce come pubblicazione del progetto APVV 15-0189 "Alcuni fattori della strategia pro-family a sostegno della stabilità della famiglia in un ambiente multiculturale"

Indice

Introduzione 3

1. Il vissuto della famiglia con un bambino disabile 5

   1.1. La diagnosi della disabilità del figlio 6

   1.2. Le reazioni della famiglia di fronte alla diagnosi 7

   1.3. I cambiamenti famigliari legati alla presenza di un figlio disabile 12

   1.4. Strategie di coping 17

2. L'intervento precoce come strumento d'aiuto alla famiglia 22

   2.1. Le condizioni per garantire la fruibilità dell'intervento precoce 27

   2.2. L'intervento precoce e le attese della famiglia 29

3. Il ruolo dell'accompagnamento/counseling nell'aiuto alla famiglia 32

   3.1. Il counseling nell'ambito dell'intervento precoce 33

   3.2 Il colloquio di counseling 36

   3.3. L'ascolto attivo 39

   3.4. L'atteggiamento del counselor 41

   3.5. La presenza del counseling in Slovacchia 48

4. La legislazione slovacca in materia di protezione e assistenza delle famiglie con un figlio disabile 50

   4.1. I documenti *soft law* (privi di efficacia vincolante diretta) 50

   4.2. Il diritto internazionale e i diritti delle persone disabili 52

   4.3. Il diritto dell'Unione Europea 58

   4.4. La legislazione della Repubblica slovacca 59

5. La qualità di vita delle famiglie con un bambino disabile in Slovacchia: risultati di una ricerca sociologica qualitativa 62

5.1. Il punto di partenza 62

5.2. Metodologia della ricerca 63

5.3. I temi della ricerca 64

5.4. I risultati della ricerca 66

6. Il volontariato come risposta ai bisogni delle famiglie con bambini disabili 68

6.1. La definizione di volontariato 69

6.2. Le tipologie di volontariato 71

6.3. I vantaggi del volontariato 73

6.4 Le motivazioni nel volontariato 77

6.5. Il modello processuale del volontario 80

7. La formazione in counseling 83

7.1. I tirocini pratici di formazione in counseling 83

7.2. L'organizzazione e lo svolgimento del tirocinio 84

Conclusione 88

Bibliografia 89

Introduzione

La presente monografia, scritta a più mani, tratta dei problemi delle famiglie con bambini disabili, delle loro aspettative e delle possibili soluzioni alle loro difficoltà. L'argomento è stato approfondito nel corso di anni e si basa su numerosi incontri, colloqui e workshop realizzati assieme alle famiglie che aspettano la nascita di un figlio disabile o già da tempo vivono questa situazione.

Nell'ambito del programma accademico riguardante l'assistenza sociale e i servizi sociali incentrati sulla famiglia, che viene offerto agli studenti del Dipartimento degli studi sulla famiglia della Facoltà Teologica dell'Università di Trnava con sede in Bratislava, abbiamo approfondito in maniera teoretica e conosciuto da vicino i reali problemi di queste famiglie durante i cosiddetti tirocini effettivi. È stata una nuova forma di esperienza pratica, durata alcuni giorni, che abbiamo organizzato in mezzo alla natura. Abbiamo invitato alcune famiglie e i loro bambini con varie disabilità. Gli studenti svolgevano il ruolo di assistenti di queste famiglie, mentre i docenti guidavano i vari workshop che i genitori avevano scelto come utili per la loro vita; allo stesso tempo, i docenti assicuravano la supervisione del servizio di assistenza svolto dagli studenti che, attraverso la pratica, hanno imparato a conoscere meglio la vita di queste famiglie dal punto di vista umano e professionale.

Durante i tirocini ci siamo anche concentrati su un'indagine scientifica della reale situazione delle famiglie con bambini con disabilità mentali, fisiche, sensoriali e di altro tipo. Siamo riusciti ad avvicinarci a queste famiglie e, utilizzando la ricerca qualitativa, ad identificare i loro problemi e bisogni. Successivamente abbiamo cercato di mappare la situazione di tali famiglie in tutta la Slovacchia attraverso ricerche quantitative. Ci siamo accorti che le loro reali esigenze e aspettative, sotto molti aspetti, erano simili. Ci siamo proposti di aiutare queste famiglie a trovare i mezzi e le risorse di cui avevano bisogno nel contesto dell'intervento precoce.

Uno dei modi istituzionali per questo tipo di aiuto è emendare ed ampliare la rispettiva legislazione della Repubblica Slovacca, in particolare la legge sui servizi sociali che, all'articolo 33, definisce la nozione dell'intervento precoce. Importante sarebbe estendere il carattere dell'intervento precoce arricchendolo di contenuti del counseling e in tal modo, tramite l'accompagnamento personalizzato di tipo psicosociale, fornire l'aiuto necessario al bambino ma anche a tutta la sua famiglia.

Perché abbiamo scelto proprio il counseling come modalità utile dell'intervento precoce? La risposta ci è suggerita da un'esperienza di questo tipo lunga sei anni, nel contesto del tirocinio effettivo svolto dai nostri studenti. Il tirocinio consisteva in un lavoro concreto, che riguardava il vissuto e le problematiche quotidiane delle famiglie con un bambino disabile. Loro ci hanno aiutato ad indirizzare meglio i nostri sforzi dandoci un feedback a conclusione di ogni intervento, comunicandoci come si sono sentite nel corso di un tale accompagnamento e in quale maniera sono state aiutate. In questo modo abbiamo accumulato un sapere insostituibile, che man mano confermava la nostra convinzione sulla correttezza e necessità del metodo di accompagnamento. Con questa certezza, ci siamo lasciati ispirare da esperienze di altri Paesi in cui questo metodo è già utilizzato. Siamo entrati in contatto con esperti italiani che hanno mostrato una generosa disponibilità, condividendo con noi le loro conoscenze teoriche e le esperienze pratiche. È stato soprattutto con il loro aiuto che siamo riusciti a creare la base per far emergere l'importanza del counseling anche in Slovacchia.

Il valore principale di questa monografia consiste proprio nella presentazione a 360 gradi del vissuto della famiglia con un bambino disabile, dei suoi bisogni e delle sue difficoltà, e nella ricerca di modi innovativi per fornirle un aiuto efficace. Sono state presentate diverse possibilità di natura giuridica per poterle fornire un aiuto concreto, introducendo il counseling nel contesto dell'intervento precoce in Slovacchia. Inoltre, è stata presentata l'importanza del contributo del volontariato e della preparazione dei volontari in questo tipo di aiuto alle famiglie in Slovacchia. L'ultima parte del libro fornisce uno sguardo sulla preparazione degli studenti e sul ruolo dei volontari nel lavoro sociale con le famiglie che si trovano in situazioni particolarmente difficili.

Mária Šmidová

1. Il vissuto della famiglia con un bambino disabile

La nascita di un bambino disabile è per i genitori e per gli altri famigliari un evento drammatico e carico di dolore. Rappresenta un forte cambiamento per tutta la famiglia.

Già durante la gravidanza i genitori delineano gradualmente le caratteristiche del bambino che arriverà. Lo si immagina sano, forte, bello, somigliante ad uno o ad entrambi i genitori. Questo spazio immaginativo permette ai genitori di abituarsi all'idea del bambino e di facilitare l'instaurarsi della relazione genitori-figlio. La scoperta della disabilità del proprio figlio al momento della sua nascita irrompe nella vita dei genitori senza lasciare loro il tempo per colmare il divario esistente tra il bambino del desiderio e il bambino reale. Il piccolo infatti richiede un'attenzione immediata, un'attenzione che i genitori faticano a rivolgergli in quanto si trovano a dover investire su di un figlio che non riconoscono perché esula dai loro progetti e sogni.

I primi momenti con il nascituro e i giorni successivi sono emotivamente impegnativi. I genitori devono elaborare una specie di lutto, la perdita del bambino atteso che avevano fortemente desiderato, e investire le cariche affettive sul figlio reale.[1] La perdita del loro figlio ideale e sognato può rappresentare oltre che una sconfitta personale anche una sconfitta sociale, che riaffiora ogni volta che il divario tra lo sviluppo del figlio disabile e gli altri bambini si rende più evidente.

L'handicap del bambino rappresenta per i genitori e per tutto il nucleo famigliare un cambiamento radicale nella loro vita. Segna l'inizio di un percorso che ciascun membro della famiglia deve compiere nell'elaborazione del proprio vissuto e delle proprie aspettative verso un nuovo equilibrio individuale e famigliare. Segna, inoltre, l'inizio di un percorso di accompagnamento e di aiuto di cui la famiglia avrà bisogno.

Solo lentamente, con il passare del tempo e con un saggio e professionale aiuto esterno, i genitori riescono a superare lo shock che accompagna la diagnosi della

[1] Cfr. Dall'Aglio, E.: Handicap e famiglia. Handicap e collasso familiare. In: *Quaderni di Psicoterapia Infan*tile, 29, Roma: Borla, 1994.

disabilità del figlio. Subentra un graduale adattamento alla nuova realtà e la costruzione di un rapporto reale con il proprio figlio che gli permette di esprimere la sua personalità e lascia spazio alla sua autonomia.

1.1. La diagnosi della disabilità del figlio

La comunicazione della diagnosi della disabilità del figlio è un momento doloroso, a volte addirittura catastrofico, che può sconvolgere gli equilibri familiari. Un punto cruciale riguarda la modalità con cui tale diagnosi viene comunicata. Se la prima informazione avviene in maniera frettolosa, con scarsa sensibilità nei confronti dei genitori, utilizzando un linguaggio poco comprensibile e ricco di terminologia medica, soffermandosi unicamente sugli aspetti negativi e dando l'impressione che l'evento sia luttuoso e senza speranza, essa può provocare grave sofferenza nei genitori e rendere ancora più difficoltosa l'accettazione del figlio.

Emerge la necessità della chiarezza e della gradualità nel fornire delle informazioni diagnostiche circa l'handicap del figlio e il suo futuro sviluppo[2], sia nel contenuto che nella modalità di presentazione. Questi sono elementi importanti che naturalmente non possono impedire la sofferenza, ma possono accompagnare la famiglia verso un cammino fatto di speranza e un naturale processo di adattamento, stimolando reazioni di tipo costruttivo, attivo, anziché di rassegnazione.[3]

In questo senso, sarebbe importante gestire la comunicazione della diagnosi non come un unico momento, ma come un processo che coinvolga più figure professionali che sappiano da un lato fornire informazioni mediche chiare e specifiche, e dall'altro garantire un sostegno anche successivo ai genitori. Occorre inoltre sottolineare l'importanza del comunicare la diagnosi ad entrambi i genitori congiuntamente,

---

[2] Cfr. Pain, H.: Coping with a child with disabilities from the parents' perspective: the function of information. In: *Child: Care, Health and Development*, 25 1999, 4, p. 299-313.
[3] Cfr. Zanobini, M., Manet, M., Usuai, M. C.: *La famiglia di fronte alla disabilità, stress, risorse e sostegni*, Trento: Erickson edizioni, 2002.

modalità non sempre utilizzata nella prassi. Comunicare la diagnosi ad uno solo dei genitori significa, infatti, da un lato lasciarlo da solo in preda al suo dolore, dall'altro lasciargli l'onere di dover comunicare la notizia drammatica all'altro genitore.

Avere una diagnosi fatta da professionisti del settore, quindi affidabile, e comprenderla, in molti casi significa per i genitori poter prevedere come la situazione evolverà nel tempo, significa riuscire a stabilire quali sono i percorsi d'aiuto più funzionali e anche poter identificare con maggiore chiarezza le risorse a disposizione.

Ciò che i genitori lamentano spesso è di essere stati lasciati da soli di fronte alla diagnosi, denunciando la mancanza di un adeguato sostegno affettivo e umano da parte dei professionisti e la presenza di un atteggiamento di eccessiva rigidità nella comunicazione iniziale e nelle fasi successive, come se il proprio figlio fosse visto solo nel contesto della sua disabilità, più come oggetto che come soggetto avente dei diritti.[4] Si rivela quindi insostituibile il supporto qualificato dei professionisti, ricco di umanità, che aiuti e non sostituisca i genitori e gli altri membri della famiglia nelle loro scelte, favorisca la cooperazione tra di loro, la suddivisione dei compiti, la qualità del rapporto personale, il supporto sociale e la ricerca delle risorse che la comunità può mettere a loro disposizione.[5]

1.2. Le reazioni della famiglia di fronte alla diagnosi

La nascita o la tardiva scoperta della disabilità di un figlio modifica in maniera inequivocabile lo status familiare e provoca complesse ripercussioni psicologiche e relazionali in famiglia che possono lacerarne l'integrità. Non è la disabilità del bambino che svantaggia e/o disintegra le famiglie, è il loro modo di reagire ad essa e tra di loro.[6]

---

[4] Cfr. Zanobini, M., Freggiaro, D.: Una nuova immagine della paternità: autobiografie di padri con figli disabili. In: Zanobini M., Manetti M., Usai M.C.: *La famiglia di fronte alla disabilità. Stress, risorse e sostegni*, Trento: Erickson edizioni, 2002, p. 123-150.

[5] Cfr. McCubbin, H. I., Patterson, J. M. (1982). Family adaptation to crisis. In: McCubbin, H. I., Cauble, A.E., Patterson, J. M. (Eds.): *Family stress, coping, and social support*. Springfield: Charles C. Thomas, 1982, p. 26-47.

[6] Cfr. Dickman, I., Gordon, S.: *Un miracolo per volta: Come ottenere aiuto per il bambino disabile - dalle esperienze di altri genitori.* New York: Simon e Schuster, 1985, p. 109.

Di fronte a questa nuova situazione il nucleo famigliare sviluppa differenti risposte emotive, articolate in alcune fasi che si susseguono con modalità e tempi diversi.

La prima fase è caratterizzata dallo shock e dall'incredulità causati dalla forte delusione rispetto alle aspettative dei genitori. In seguito, subentra il rifiuto, il tentativo di negare la disabilità che spaventa. I genitori non riconoscono il loro bambino perché non assomiglia per nulla al loro bambino sognato e atteso.[7] Il loro stato d'animo, spesso impregnato di dolore, tristezza e frustrazione, e appesantito dalla consapevolezza della propria debolezza ed impotenza di fronte a quanto è successo, in alcuni casi sfocia nella depressione.[8]

In questa fase può succedere che i genitori si isolino dalla realtà esterna e interrompano i rapporti sociali.[9] Ovviamente, un periodo di tranquillità per l'elaborazione dell'accaduto pare indispensabile, a patto che non si prolunghi eccessivamente fino a bloccare il processo di adattamento della famiglia. Il tentativo di sfuggire alla realtà può nascere dalla paura di non avere le capacità per affrontare una situazione tanto dolorosa, ma può anche essere utile ai genitori perché permette loro di prendere tempo per proteggersi dalla sofferenza. Il confronto con la disabilità del figlio può anche scatenare delle reazioni che non sempre li aiutano ad affrontare la situazione in maniera costruttiva. Eccone alcune, per fare degli esempi[10]:

- un attaccamento eccessivo e di iperprotezione al figlio disabile, che li conduce ad una dedizione assoluta e indiscriminata, anche a costo del benessere di se stessi e degli altri membri della famiglia, portando spesso ad un esito negativo per lo sviluppo del bambino;
- il rifiuto più completo, il desiderio che il proprio figlio non sia mai nato, che li porta a proiettare il problema verso l'esterno e a correre da uno specialista all'altro nel tentativo disperato di risolvere definitivamente il problema, cercando diagnosi nuove

---

[7] Gargiulo, R.: *Lavorare con i genitori di bambini handicappati*, Bologna: Zanichelli, 1987.

[8] Cfr. Kearney, P. M., Griffin, T.: Between joy and sorrow: Being a parent of a child with developmental disability. In: *Journal of Advanced Nursing*, 34, 2001, 5, p. 582- 592.

[9] Trębski, K.: *La comunicazione in famiglia*, Berlin: Edizioni Sant'Antonio, 2020.

[10] Cfr. Cigoli, V.: Il corpo ferito. Disabilità e relazioni familiari. In: *Proposte terapeutiche per il ritardo mentale*, 2, 1993, 1, p. 14-21; Dawin, J.: *Una vita possibile*. Torino: Sei, 1991.

o interventi miracolosi. I passi successivi sono caratterizzati da meccanismi di difesa più o meno consapevoli, che si alternano a periodi di esplosioni emotive ingestibili legate al rifiuto delle prove della presenza della disabilità nel figlio e alla necessità di sfuggire alla sofferenza. Questo processo di "autoinganno" ha spesso la funzione di creare un "distacco" necessario per ricostruire il loro equilibrio interiore, messo a dura prova;

- la negazione della disabilità, associata a una caduta di autostima, che porta a misconoscere e a non accettare la diagnosi e a un diniego della necessità di cure, escludendo così la possibilità di qualunque tipo di trattamento.

La seconda fase è costituita dall'ambivalenza nei sentimenti e comportamenti genitoriali, che a volte alternano sentimenti di amore e rabbia legati al senso di colpa per il fatto che talvolta si trovano a desiderare la morte del figlio o a pensare che sarebbe stato meglio se il piccolo non fosse mai nato. I genitori, allora, si sentono in colpa, da un lato per il fatto di aver pensato una cosa del genere, dall'altro perché ritengono di essere, in qualche modo, implicati in quello che è capitato al figlio. Inizia la ricerca del perché accompagnata dall'autocolpevolizzazione: "È colpa mia", "Dipende tutto da me" oppure, nel caso in cui la disabilità sia insorta più tardi, "Non mi sono mai accorto/a di niente...". Può succedere che soprattutto la madre cominci a ripensare a tutto il periodo della gravidanza e magari si colpevolizzi per essersi sforzata troppo, per aver preso qualche farmaco, per non aver fatto le analisi necessarie, ecc. Il senso di colpa sembra essere uno dei sentimenti più duri da superare e non di rado ricompare ciclicamente.

La ricerca di un colpevole o di una causa esterna alla coppia può essere utile ai genitori per attenuare quello stato di tensione psicologica ed emotiva causata dalla constatazione che, in qualche misura, si è implicati nella malattia del figlio. Può accadere, allora, che venga scaricata la rabbia verso i medici e la medicina, colpevoli, per esempio, di non aver consigliato esami o accertamenti, di aver attuato pratiche diagnostiche dannose, di non aver fatto il possibile per evitare un incidente da parto. Può anche accadere che la colpevolizzazione riguardi il rapporto tra i coniugi che possono accusarsi vicendevolmente per aver messo al mondo un figlio imperfetto, specie se venisse confermata clinicamente una patologia genetica che trova poi conferma nell'albero genealogico di una delle parti. Può succedere che si attribuisca al partner ed alla sua famiglia la responsabilità dell'accaduto. Questa colpevolizzazione reciproca, sia essa esplicita o latente, può mettere a dura prova il rapporto di coppia.

I forti sensi di colpa che affliggono i genitori possono anche derivare dal fatto che, a volte, si trovano a desiderare la morte del figlio o a pensare che "sarebbe stato meglio se non fosse mai nato"[11]. Lo stigma sociale, che in certi ambienti accompagna la disabilità, concorre a sostenere nei genitori sentimenti di imbarazzo e vergogna, con il rischio di proiettare sul figlio il loro senso di inadeguatezza e acuire le difficoltà nel prendersi cura del piccolo. Ciò può portare la famiglia a chiudersi all'interno, a diminuire o addirittura interrompere le relazioni sociali.

Se i genitori, nonostante tutto, scelgono di mantenere vive le relazioni sociali, possono andare incontro a quattro possibili meccanismi di difesa collegati alla visibilità sociale che desiderano conservare:

1. possono rifiutare il figlio e decidere di istituzionalizzarlo per mantenere un'apertura verso l'esterno che permetta loro di non sentirsi diversi;
2. possono mostrarsi iperprotettivi, assumendo un atteggiamento invischiante nei confronti del proprio figlio che preclude la possibilità di maturare e di sviluppare le sue potenzialità;
3. può esservi l'accettazione del bambino ma non della disabilità e ciò può indurre alla ricerca di soluzioni medico-specialistiche con la speranza di una guarigione completa/cambiamento definitivo;
4. può succedere che la famiglia tenti di responsabilizzare eccessivamente il figlio avanzandogli richieste di normalizzazione superiori alle sua capacità.

La terza fase inizialmente è costituita dallo scendere a patti con qualunque persona o cosa (Dio, un medico, la scienza) che sia in grado di portare il bambino alla normalità. Si cerca di adattarsi alla nuova realtà, di ridurre l'ansia e tutti i sentimenti conseguenti,

---

[11] Cfr. Carbonetti D., Carbonetti G.: *Vivere con un figlio* Down, Milano: Franco Angeli, 1996, p. 31.

di prendere in mano la propria vita, riacquisire sicurezza sulle proprie competenze genitoriali. Si va verso l'accettazione: un processo attivo e continuo, uno stato mentale nel quale si compie coscientemente uno sforzo per riconoscere, capire e risolvere un problema, anche se non si riusciranno mai a cancellare gli stadi negativi che hanno preceduto l'accettazione.
L'accettazione si prospetta come una meta da raggiungere, tuttavia sembra che non tutti i genitori riescano ad accettare del tutto le difficoltà che presenta il loro bambino ma imparino piuttosto a convivere con esse.[12] Ogni volta che i sentimenti dolorosi si ripresentano e i genitori sono in grado di superarli, essi compiono un passo avanti nel processo di crescita personale per meglio capire se stessi e gli altri, comprendendo che l'accettazione riguarda non solo il bambino, ma anche se stessi, le proprie forze e le proprie debolezze.
Al concetto di accettazione è strettamente correlato quello di adattamento. Esso è un'azione positiva e propositiva, non è uno stadio che inizia nel momento in cui i genitori cominciano ad accettare la realtà dell'handicap, così come non è una battaglia che finisce, ma un processo difficile e continuo legato al modo di pensare, percepire e plasmare la realtà.

Le fasi descritte non sono rigide e sequenziali, ma piuttosto flessibili e dinamiche. Ogni famiglia nella sua singolarità ed originalità può percorrerle e ripercorrerle in base al proprio particolare processo di adattamento. Le diverse fasi del lutto collegato alla disabilità del figlio e la sepoltura delle aspettative genitoriali possono essere vissute simultaneamente. Pelchat e Lefebvre[13], ad esempio, parlano di cinque grandi tappe che costituiscono il processo di elaborazione del lutto - shock, negazione, depressione, adattamento, riorganizzazione - ma ne ripropongono una rivisitazione critica. Pelchat sostiene che è possibile parlare del processo di lutto solo attraverso la conoscenza diretta e "dal di dentro" delle esperienze di adattamento vissute dalle madri e dai padri

---

[12] Cfr. Pelchat, D., Bisson, J., Bois, C., Saucier, J.F.: The effects of early relational antecedents and other factors on the parental sensitivity of mothers and fathers. In: Infant and Child Development, 12, 2003, 1, p. 27- 51.

[13] Cfr. Pelchat, D., Lefebvre, H.: *Apprendre ensemble. Le PRIFAM, Programme d'Intervention interdisciplinaire et familiale*, Montréal: Chenelière Education, 2005.

dei bambini handicappati. Introduce una nuova fase nel processo di lutto, la fase della trasformazione, caratterizzata dalla crescente capacità della famiglia di sentirsi competente e fiduciosa nell'utilizzare in modo proattivo le sue risorse e i suoi "saper fare" nell'organizzazione della vita quotidiana, nell'autodeterminarsi e nel realizzare i suoi nuovi obiettivi di vita.

I dati esperienziali confermano che spesso le famiglie non solo imparano a convivere con i limiti del loro bambino, ma addirittura trasformano il loro modo di vedere sé, gli altri e la vita. Sembra esserci una sorta di adattamento creativo: le famiglie comprendono che il deficit del loro bambino non necessariamente rappresenta un ostacolo, anzi può arricchire, può aiutare a divenire consapevoli dei valori veri della vita, a modificare i pregiudizi, a dare importanza all'aiuto reciproco.

1.3. I cambiamenti famigliari legati alla presenza di un figlio disabile

Quando in una famiglia arriva un bambino disabile tutto cambia e tutti i componenti devono cambiare per adattarsi alla nuova situazione. La disabilità impone alla famiglia un cambiamento improvviso e continuo. Tutto viene sconvolto. Il tempo che prima veniva impiegato per svolgere alcune attività viene ridotto per poter dedicare attenzioni al bambino con bisogni particolari. Cambia l'organizzazione della giornata familiare, perché se la disabilità è grave tutto deve ruotare intorno al bimbo che necessita di costanti cure. Cambia anche la visione del futuro dei componenti della famiglia, perché il futuro si potrebbe prospettare incerto. La coppia, diventata famiglia, si allarga ancora di più, in quanto entrano nel sistema di vita una serie di figure professionali (medici, psicologi, educatori, operatori della riabilitazione, logopedisti, ecc.).

Molti dei problemi che i genitori di un bambino handicappato si trovano ad affrontare provengono dalla società: sono problemi che dipendono dalla perpetuazione di certi miti o imbrogli che li condizionano pesantemente fin dalla nascita. Un mito incoraggiato dalle riviste patinate che leggono gli adolescenti è quello del matrimonio come "eterna felicità" e un altro mito, collegato a questo, è che da un'unione felice

nasceranno figli belli e perfetti. Perciò i genitori di bambini handicappati vivono come non rispondenti a un cliché ideale e hanno la sensazione di aver prodotto una copia sbagliata di se stessi. Contemporaneamente, la società comunica loro il messaggio ipocrita che devono essere dei super genitori, in grado di dare al figlio una quantità di cure, amore e attenzione molto più grande del normale e lo devono fare ventiquattr'ore al giorno per 365 giorni all'anno...
I rapporti e le relazioni diventano più complessi. Anche nella coppia in cui di fronte al "problema" si trova una maggiore unità spesso si riducono i contenuti della comunicazione: il figlio handicappato rappresenta il tema, esplicito o sotteso, quasi unico e costante del dialogo tra i due genitori. A volte la coppia risulta anche condizionata nella sua vita sessuale e, quasi sempre, nelle sue scelte di prospettiva di nuovi concepimenti. Prevale la paura di non dover ripetere una nuova esperienza traumatizzante.

I genitori sono tormentati da numerose ansie ed angosce. Angoscia del futuro del figlio, soprattutto in prospettiva della mancanza dei genitori, ma anche delle scelte educative-terapeutiche, delle prospettive affettive-sessuali. Angosce del tempo che passa senza che si vedano progressi soddisfacenti. Angoscia di incompetenza e di impotenza, col tentativo/speranza di delegare la soluzione del problema ad altri e ad altre istituzioni che, spesso, in seguito si rivelano inadeguate ed inefficienti. Non di rado sorge la preoccupazione che l'ombra del figlio handicappato possa pesare sugli altri figli.

A questi motivi psicologici profondi si possono aggiungere motivi pratici che rendono difficile e tesa la situazione famigliare, tanto da mettere in crisi i rapporti e il sistema nel suo complesso.

La nascita di un figlio handicappato comporta in generale l'acquisizione della consapevolezza da parte dei genitori che significativi cambiamenti avverranno nella loro esistenza individuale ma anche di coppia. La coppia non è più tale, almeno non solo. Non si è solo coniugi o compagni di vita, ma anche genitori. Le dimensioni di

vita si ampliano. La nascita di un bambino disabile apre un mondo notevolmente differente. In un momento così particolare, la prima cosa che viene in mente è che la coppia si unisca maggiormente, ma non sempre accade. Molto spesso i due partner si allontanano sempre di più fino a desiderare di separarsi. A volte uno di loro non riesce ad accettare la malattia del figlio, altre volte l'uno scarica le colpe di questo evento doloroso sull'altro partner, altre volte ancora alla colpevolizzazione si unisce anche il rancore verso l'altro coniuge. In conseguenza alle dinamiche di colpa o di rabbia si possono avere fenomeni di dolore cronico, isolamento intrafamiliare, disarmonia coniugale, ricerca del capro espiatorio.
Succede anche che il bambino disabile diventi un "sigillo" negativo e vincolante del legame di coppia, che deve continuare ad ogni costo perché sarebbe impensabile, dal punto di vista sociale e morale, lasciare il partner o rompere il matrimonio.

La nascita di un figlio disabile rappresenta per la madre una situazione particolarmente impegnativa e carica emotivamente. Di solito sono proprio le madri a farsi carico della situazione nella sua completezza, a far fronte a ogni difficoltà e imprevisto, rinunciando anche al lavoro, ai sogni, ai progetti personali.
Una mamma in attesa, soprattutto durante gli ultimi mesi della gravidanza, immagina come potrebbe essere suo figlio, lo immagina sia fisicamente, sia dal punto di vista del carattere. Ripone nel figlio tanti desideri e sogni da realizzare. Il bambino protagonista delle fantasie è un bambino immaginario ed è quasi perfetto agli occhi della madre. Quando nasce un figlio disabile, la madre deve necessariamente abbandonare il bambino immaginario per accogliere il bambino reale. Sperimenta una delusione. Dopo che avrà mobilitato tutte le forze che dovranno aiutarla ad affrontare il fallimento, dovrà far fronte al proprio dolore per aver perso il bambino perfetto che aveva sognato. Dopo il parto, il nuovo nato assorbe interamente la giornata della madre, rompendo gli equilibri dei partner. Questo viene amplificato quando in una famiglia arriva un bambino con handicap o gravi problemi di salute.

L'accettazione della realtà non è così scontata come si potrebbe pensare e nella madre possono coesistere una serie di sentimenti negativi. Tra tutti, quello più comune è l'impotenza, proprio perché la madre si rende conto che non può cambiare la situazione in alcun modo. C'è da considerare anche che ultimamente le mamme che hanno partorito insieme tendono a rincontrarsi dopo il parto. In questa situazione di gruppo, la madre potrebbe sentirsi isolata in quanto un figlio disabile ha tempi diversi, problemi diversi e per questo potrebbe sentirsi incompresa. Particolarmente grave, ma purtroppo non infrequente, è il pericolo di simbiosi fra madre e figlio handicappato: è un rapporto assolutamente patogeno che può comportare un blocco nello sviluppo psichico, mentale, linguistico e sociale del figlio stesso e portare ad una profonda devianza/rottura dei rapporti di coppia. Molto meno grave, ma piuttosto comune, è il comportamento della madre che fa di tutto per preservare il figlio da ogni contatto con la realtà che possa metterlo in difficoltà: lo protegge da ogni frustrazione, isolandolo così da tante esperienze ritenute negative. Nel bambino non si svilupperà così un corretto e valido principio di realtà e sarà esposto, in seguito, ad inevitabili frustrazioni e difficoltà.

Il padre assume spesso un ruolo più marginale, sia per scelta sia per le difficoltà di inserirsi nel rapporto simbiotico e così particolare che la madre mette in atto con il bambino. Il ruolo paterno diventa prevalentemente quello di chi si occupa dell'aspetto economico. Si attiva anche una sorta di fuga nel lavoro per distogliere l'attenzione dalla frustrazione, dalla rabbia e dal senso di colpa.
La figura del padre, già secondaria in ogni caso nei primissimi anni di vita del bambino, tende ad essere ulteriormente svilita nel suo significato. Spesso il padre viene emarginato (e poi colpevolizzato) e, a differenza della madre, gli viene preclusa la possibilità di compiere azioni riparatorie attraverso la partecipazione attiva nella terapia e nel reinserimento sociale del bambino.

Mentre la madre si chiude nel dolore e nella depressione, il padre ricerca nel lavoro e nel sociale, fuori dalla famiglia, la sua affermazione o consolazione: evasione "scusata" da mille motivazioni razionali e/o razionalizzate.

Un aspetto non meno importante è quello relativo alle reazioni psicologiche e alle conseguenti modalità comportamentali dei fratelli e delle sorelle del bambino disabile. Con la sua nascita il coinvolgimento di tutti i componenti della famiglia, inclusi gli altri bambini, è inevitabile. Nella maggior parte dei casi, soprattutto se sono più grandi del bambino disabile, a loro vengono assegnati compiti di maggiore responsabilità, a volte sproporzionata rispetto alla loro età. L'attenzione incentrata principalmente sul bambino con disabilità li pone in una posizione di marginalità emotiva, che evoca spesso sentimenti ambivalenti nei suoi confronti, con ripercussioni sulla relazione e sullo sviluppo in generale. Molto dipende dal comportamento dei genitori. Se i genitori reagiscono positivamente al loro bambino con bisogni speciali, allora la relazione dei fratelli tenderà ad essere più positiva. Se i genitori hanno una visione ottimista e premurosa, allora i fratelli avranno più probabilità di fare lo stesso.[14] Pertanto, la capacità dei genitori di accettare le difficoltà del bambino influenza i modi in cui la famiglia, in quanto tale, affronta la nuova situazione. La presenza di altri figli non disabili di solito attenua o media le difficoltà dei genitori: sono interlocutori gratificanti, danno anche una visione positiva del futuro, distolgono l'attenzione angosciosa ai problemi dell'handicap, ricompensano gli sforzi educativi, ecc. Per effetto del confronto con le incapacità dell'handicappato, i fratelli "sani" tendono ad essere supervalutati e arrivano spesso impreparati alla vita sociale, dove sono costretti a confrontarsi con i propri limiti nella competizione con i propri coetanei.
Da tener presente sono, inoltre, altri aspetti meno espliciti del vissuto dei fratelli del bambino disabile. Essi possono essere disturbati dalle attenzioni, da loro ritenute eccessive, nei suoi confronti, sperimentando una specie di gelosia inconscia; percepire come pesanti le richieste fatte loro dai genitori o vivere male la loro esclusione dal

---

[14] Cfr. Dunn, J.: *Sisters and Brothers*. London: Fontana Books. 1984.

problema (responsabilizzazione eccessiva o deresponsabilizzazione); sentire un certo imbarazzo nel dover spiegare o nascondere (vergogna e/o rimozione) la disabilità del fratello; vivere un senso di colpa o colpevolizzazione del loro essere "normali". Anche quando hanno intrapreso un processo di emancipazione, pesa su di loro la consapevolezza di dover, prima o poi, subentrare ai genitori. In alcuni casi sono realmente danneggiati nelle loro esperienze di vita e nelle loro possibilità di autorealizzazione.

1.4. Strategie di coping

La nascita di un figlio disabile costituisce per la famiglia una sfida che consiste nell'elaborazione interiore di quanto accaduto. Dobbiamo ricordare che la famiglia è un sistema emozionale plurigenerazionale che racchiude al suo interno le esperienze di almeno tre generazioni, legate da vincoli di parentela, di sangue o legali e risulta quindi influenzato dalle relazioni passate, presenti e future.[15] Rappresenta un sistema in costante evoluzione; affronta perciò in maniera dinamica i problemi che richiedono un più o meno vasto processo di riorganizzazione. Il risultato dipende dall'interazione tra diversi fattori: le dinamiche familiari, la capacità di effettuare una valutazione corretta della situazione, le strategie disponibili per affrontarla, le risorse materiali e il supporto sociale fornito dall'esterno.

Di fronte alla nascita del bambino disabile, la madre, il padre e gli altri famigliari devono riprendere in mano la propria vita e ricercare i mezzi per la costruzione di un progetto di vita diverso, che include le nuove circostanze e le risorse di cui dispongono. Inizialmente nessuno può stabilire l'entità di un tale cambiamento, perché riguarda le emozioni, l'intensità dei sentimenti e la percezione personale del problema. Ogni situazione è unica e il passaggio dall'una all'altra delle tre fasi descritte precedentemente come reazioni della famiglia di fronte alla diagnosi dell'handicap,

---

[15] Cfr. McGoldrick, M., Heiman, M., Carter, B.: The changing family life cycle. In: Walsh, F. (ed). *Normal Family Processes*. New York: Guilford Press, 1993, p. 405-443.

sarà diverso da caso a caso: per qualcuno il processo sarà lento, per altri sarà graduale, per altri ancora sarà segnato da un'evoluzione positiva e concluso con un adattamento ben riuscito alla nuova realtà.

In scena entrano le strategie di coping, che svolgono diverse funzioni, tra cui quella di regolare le reazioni emotive negative conseguenti ad una situazione stressante (*emotion-focused coping*) e quella di modificare o risolvere una situazione che sta minacciando o danneggiando l'individuo e la famiglia (*problem-focused coping*).[16] Le strategie di coping collegate al mantenimento dell'integrazione familiare sono fortemente associate alle percezioni positive dei genitori sulla gratificazione o soddisfazione nel prendersi cura del figlio disabile, alle minori preoccupazioni per la futura assistenza del loro bambino e alla possibilità di istituzionalizzazione. [17] Tali strategie possono variare: alcune di esse sono essenzialmente cognitive e si riferiscono alla "riformulazione" di quanto si è verificato, all'individuazione, nonostante tutto, di alcuni aspetti positivi, alla rilettura della propria esperienza alla luce di informazioni e conoscenze scientifiche; altre sono prevalentemente "emozionali" e consistono nell'esprimere apertamente i propri sentimenti e le proprie emozioni, nel "bloccare" la tendenza a stimolare in se stessi e negli altri sentimenti negativi, nel ricorrere, in presenza di situazioni conflittuali, alla contrattazione e nel dare spazio a tenere in considerazione anche i bisogni degli altri membri della famiglia, del coniuge e dei figli non disabili.[18] Accanto a queste, alcuni genitori fanno ricorso anche a strategie relazionali, come il porre accentuate attenzioni alla coesione familiare, allo sviluppo delle capacità adattive dei diversi membri della famiglia, alla cooperazione e alla tolleranza, ma anche a strategie finalizzate a potenziare il proprio sviluppo personale, a mantenere soddisfacenti livelli di autonomia e indipendenza, a ricavare del tempo per

---

[16] Cfr. Lazarus, R.S.: *Emotion and adaptation*. London: Pxfford University Press, 1991.

[17]Cfr. Werner, S., Edwards, M., Baum, N., Brown, N., Brown, R.I., Isaacs, B.J.: Family quality of life among families with a member who has an intellectual disability: an exploratory examination of key domains and dimensions of the revised FQOL Survey. In: *Journal of Intellectual Disability Research*, 53, 2009, 6, p. 501-511.

[18] Cfr. Burr, W.R., Klein, S.R.: Reexamining Family Stress. New Theory and Research, London: Sage, 1994.

i propri hobby e per la propria vita comunitaria e spirituale.[19] Le famiglie che ricorrono con elevata frequenza a queste strategie si differenziano da quelle che vi ricorrono solo sporadicamente per come affrontano le difficoltà sin dall'inizio, per gli atteggiamenti che tendono ad assumere nel corso del tempo, per i valori ai quali sembrano aderire, per le attività che svolgono, per la partecipazione alla cura del figlio disabile e per come vivono il supporto sociale che ricevono.[20]

La disabilità del bambino, pur essendo un vincolo, non necessariamente deve rappresentare anche un limite per l'evoluzione positiva della famiglia. Infatti, nella maggior parte dei casi, i genitori di questi bambini, soprattutto se aiutati precocemente con interventi appropriati fin dalla nascita del bambino o dal momento in cui si palesa la situazione di disabilità, sono capaci di attivare le loro risorse al fine di riorganizzarsi e adattarsi alla nuova realtà, diventando attori attivi nella rete degli interventi specifici e specialistici. Molti genitori sono in grado di attivare dei processi che li portano a realizzare trasformazioni positive nella percezione del loro bambino disabile; tra questi i più significativi sono il bisogno di formare nuove identità, i tentativi di trovare un significato alla situazione e lo sviluppo di un senso di controllo personale.[21] Molti di loro trovano significato attraverso l'acquisizione di nuovi ruoli come capigruppo, relatori nei seminari sul tema della disabilità nelle scuole, ospedali o strutture che rappresentano persone con handicap. Altri genitori, lavorando su se stessi, si concentrano sull'acquisizione di nuovi tratti caratteriali che li rendano più compassionevoli e altruisti, acquistando una maggiore resilienza, passando dalla depressione alla capacità di considerare la vita come meritevole e di valore, e affrontarla con nuova audacia piuttosto che capitolare alla paura. Non pochi riferiscono che il loro matrimonio è diventato più forte con l'arrivo di un bambino con disabilità,

[19] Cfr. Braunsteiner G., Trębski K., Csontos L.: *Obnovená teológia manželstva a rodiny*, Trnava: Dobrá kniha 2019.
[20] Cfr. Taanila, A., Syrjälä, L., Kokkonen, J.E., Järvelin, M.R.: Coping of parents with physically and/or intellectually disabled children. In: *Child Care, Health e Development*, 28, 2002, 1, p. 73- 86.
[21] Scorgie, K., Wilgosh, L., McDonald, L.: Transforming Partnerships: Parent Life Management Issues when a Child has Mental Retardation. In: *Education and Training in Mental Retardation and Developmental Disabilities*, 34, 1999, 4, p. 395-405.

dato che il bisogno di trovare soluzioni a situazioni complesse e lavorare insieme come squadra ha richiesto loro di migliorare le capacità comunicative e rafforzare il legame di coppia.
Altre esperienze positive narrate dai genitori indicano la presenza del figlio disabile come una fonte di gioia e felicità, un contributo alla forza della famiglia, uno stimolo per la crescita e lo sviluppo personale, una fonte di orgoglio, un percorso per l'apprendimento, una chiave per comprendere lo scopo della vita, una guida per comprendere le questioni future e uno stimolo per la crescita della carriera. Inoltre, riferiscono che questo gli insegna come diventare persone migliori (più compassionevoli, meno egoiste, più tolleranti), li sprona a trovare una maggiore forza personale o fiducia, ampliare le reti sociali e comunitarie, aprirsi maggiormente alla spiritualità e apprezzare la vita, vivendola a un ritmo più lento, più consapevoli del valore di ogni giorno.[22]

Non tutte le famiglie con un figlio disabile riescono ad arrivare al traguardo elaborando positivamente la nuova situazione. Tante non dispongono delle risorse e strategie necessarie per farvi fronte. Per ripristinare un equilibrio interno alla famiglia serve spesso un intervento precoce in grado di accompagnarla nelle diverse fasi del processo di adattamento al figlio disabile. Nella prima fase, che coincide con il disorientamento e lo shock per la nascita del bambino con una malattia genetica, occorre aiutare i genitori a sostenersi reciprocamente e a condividere il loro dolore, dando ad esso un tempo e uno spazio in cui poter essere elaborato. In una seconda fase, che coincide con il superamento dello shock iniziale e, talora, con la comparsa di forti sentimenti di negazione della realtà, occorre aiutare i genitori a costruirsi un'immagine il più possibile realistica del proprio bambino, delle sue risorse e dei suoi limiti. In una terza fase occorre guidare i genitori nella costruzione del progetto riabilitativo del bambino, in cui essi devono sentirsi protagonisti.

---

[22] Cfr. Scorgie, K., Sobsey, D.: Transformational outcomes associated with parenting children who have disabilities. In: *Mental Retardation*, 38, 2000, 3, p. 195-206.

In questo percorso i genitori hanno bisogno di confrontarsi con degli specialisti per avere: un sostegno psicologico ed educativo per un migliore accudimento del proprio bambino, anche quando le azioni necessarie sono complesse e possono generare ansia; consulenza sull'adeguamento degli ambienti di vita e sulla prospettiva del "dopo di noi"; confronto con altre famiglie in situazioni simili.[23]

L'intervento precoce si rivela un importante sostegno della genitorialità: i genitori si sentono visti, considerati, capiti, accolti e sentono che qualcuno può prendersi cura di loro; acquisiscono, inoltre, consapevolezza della possibilità di riuscire a gestire bene la nuova situazione (*empowerment*) creatasi a seguito dell'handicap del figlio.

---

[23] Cfr. Colella E., Taberna R.: Davanti a un bambino inatteso, In: *Animazione Sociale*, 36, 206, 2006, p. 81-89.

2. L'intervento precoce come strumento d'aiuto alla famiglia

L'intervento precoce è una modalità d'aiuto competente, indirizzato alle famiglie con un bambino disabile già nella fase iniziale del suo percorso di adattamento alla nuova situazione in cui si trova. È caratterizzato dalla interdisciplinarietà, perché cerca di integrare in maniera organica gli interventi di vari specialisti: assistenti sociali, educatori, fisioterapisti, pediatri, neurologi, psicologi e altri ancora, con l'intento di fornire un aiuto olistico.[24] L'intervento riguarda il percorso di diagnostica, riabilitazione, consulenza e terapia ed è indirizzato ai bambini con vari disturbi dello sviluppo e a quelli con disabilità nei primi anni della loro vita, prima che entrino nella fase di educazione prescolastica e scolastica.[25]

Nel contesto slovacco, il concetto di intervento precoce è inseparabilmente associato al nome del Prof. Karol Matulay, MD. Alla fine della sua carriera professionale questo nestore di neurologia e psichiatria slovacca ha iniziato a concentrarsi intensamente sulla questione della diagnostica e dell'intervento precoce.

Il termine intervento precoce è un concetto internazionale (*inglese*: early intervention; *tedesco*: frühförderung; *ceco*: raná péče; *croato*: rane intervencije; *polacco*: wczesna interwencja; ecc.) utilizzato nei programmi terapeutici educativi e sociali rivolti ai bambini disabili e alle loro famiglie. Il suo obiettivo generale è quello di integrare la famiglia nel contesto sociale e ridurre al minimo, nei limiti del possibile, le conseguenze della disabilità nello sviluppo del bambino, promuovendo il suo sviluppo su tutti i livelli dell'esistenza. Gli obiettivi specifici hanno come scopo: apportare misure di adattamento e compensazione all'ambiente per le necessità del bambino; evitare o minimizzare gli effetti secondari di una situazione di rischio; seguire le necessità della famiglia e fornirle informazioni; aumentare le capacità e competenze della stessa di fronte allo sviluppo del bambino; considerare il bambino

---

[24] Cfr. Cangár, M. et al.: *Včasná intervencia a diagnostika pre osoby so zdravotným postihnutím v Slovenskej republike*. Bratislava: Rada pre poradenstvo v sociálnej práci, 2016.

[25] Cfr. Horňáková, M.: *Včasná intervencia orientovaná na rodinu*. Bratislava: Univerzita Komenského, 2010.

come un soggetto attivo dell'intervento; pianificare azioni di intervento per coordinare i differenti ambiti (sociale, educativo, familiare e personale). Il tratto caratteristico dell'assistenza precoce sta nel fatto che il suo destinatario è l'intera famiglia e di solito non viene fornito in un contesto istituzionale, ma spesso in collaborazione con il sistema sanitario e quello del welfare.[26]

Esiste una definizione ampiamente accettata di intervento precoce realizzato nella prima infanzia. Secondo l'Agenzia Europea per lo Sviluppo dell'Educazione per i Bisogni Speciali, l'intervento precoce/assistenza precoce è la somma delle cure e servizi per i bambini piccoli e le loro famiglie forniti su richiesta in un determinato momento della vita del bambino, a condizione che il bambino abbia bisogno del sostegno speciale per garantire e promuovere il suo sviluppo, rafforzare le competenze proprie della sua famiglia e promuovere la sua inclusione sociale.[27]

Uno studio europeo condotto dall'Agenzia Europea per lo Sviluppo dell'Istruzione degli Alunni Disabili nel 2005 su "L'intervento di sostegno ai bambini in età prescolare"[28] parla dell'importanza dell'approccio ecosistemico, che è attualmente molto diffuso e può essere considerato come un quadro di riferimento anche nell'ambito dell'assistenza precoce. Ne derivano le definizioni che enfatizzano il ruolo chiave della famiglia come fattore che determina il successo dell'intervento precoce. Il gruppo di esperti coinvolti in questo studio sottolinea che lo scopo dell'assistenza precoce è garantire e sostenere lo sviluppo del bambino, rafforzare le competenze dei famigliari e promuovere l'integrazione della famiglia e del bambino nella società, fornendo servizi nell'ambiente naturale del bambino, preferibilmente a livello locale. Gli esperti rilevano che per ottenere questi obiettivi è necessaria una collaborazione

[26] Hradilková, T. et al.: *Naše cesta. Metody práce s rodinou v rané péči.* České Budějovice: Středisko rané péče SPRP, 2012. 55 p. ISBN 978-80-87510-20-9.

[27] Vedi: https://www.european-agency.org/news/promoting-an-inclusive-climate-in-slovakian-schools

[28] European Agency for Development in Special Needs Education: *L'intervento di sostegno per i bambini disabili in età prescolare. Analisi delle Realtà Europee. Aspetti Chiave e Raccomandazioni.* Internet (20. 08. 2020) In https://www.european-agency.org/sites/default/files/early-childhood-intervention-analysis-of-situations-in-europe-key-aspects-and-recommendations_eci_it.pdf

multidisciplinare dei professionisti del settore, con particolare attenzione alla stessa famiglia che deve rimanere sempre un attore principale.[29]

La maggioranza dei Paesi dell'Unione Europea non solo ha riconosciuto la necessità dell'assistenza precoce ma ha anche adottato delle misure necessarie per garantirla, costruendo un network sussidiario che ne facilita la fruizione. In alcuni Paesi europei i servizi di assistenza per un bambino con disabilità e la sua famiglia sono finanziati dallo Stato e sono forniti sia in regime ambulatoriale che stazionario nei centri dedicati. I team interdisciplinari che lavorano in questi centri sono composti principalmente da professionisti sanitari, psicologi, assistenti sociali ed educatori. Ciò garantisce uno sguardo olistico sul problema che si affronta e un buon scambio di informazioni tra professionisti.

Ad esempio, nella Repubblica Ceca l'importanza dell'intervento precoce come parte del servizio sociale per la famiglia è stata confermata dalla legge sette anni fa e da un successivo emendamento ne definisce la modalità e il luogo di prestazione. L'assistenza precoce viene definita come servizio ambulatoriale integrato da servizi stazionari per i bambini con disabilità entro i 7 anni di vita e per i loro genitori, indirizzato al sostegno della famiglia e alla promozione dello sviluppo del bambino. Il programma di assistenza è coperto finanziariamente dai Ministeri della Salute, degli Affari Sociali e della Pubblica Istruzione.

Nella Repubblica Slovacca il Programma nazionale di assistenza dei bambini e giovani per il periodo 2008-2015, pur non adottando nessun provvedimento specifico a sostegno dell'intervento precoce indirizzato ai bambini handicappati e alle loro famiglie, lo ha inserito nel quadro legislativo vigente (emendamento alla legge 448/2008). Alcuni centri di servizi sociali per la famiglia e scuole speciali per i bambini disabili tentano di inserire nella loro offerta gli interventi precoci. Purtroppo, però, mancano ancora un programma specifico a livello nazionale e il personale qualificato che possa realizzarlo in maniera professionale a livello locale. Mancano, inoltre, gli specialisti competenti nel fornire il supporto psicologico e spirituale.

[29] Cfr. Bazalová, B.: *Dítě s mentálním postižením a podpora jeho vývoje*. Praha: Portál, 2014.

In Slovacchia ogni anno nascono più di cinquantamila bambini, di cui cinquemila prematuri. Secondo le statistiche del Ministero della Salute, circa duemila bambini presentano qualche tipo di disabilità. Essi richiedono quindi un'attenzione e delle procedure speciali da parte di medici, psicologi, assistenti sociali e altri specialisti. I bambini, specie se nati prematuri, hanno bisogno di un sostegno costante nei primi anni di vita, perché il loro sviluppo procede più lentamente del normale e alcuni di loro hanno bisogno di cure di lunga durata. L'accompagnamento professionale dovrebbero iniziare il più presto possibile dopo la nascita, e ciò conferma sia l'urgenza sia l'utilità dell'intervento precoce.

I centri di assistenza precoce attualmente funzionanti in Slovacchia operano prevalentemente con il sostegno di organizzazioni non profit. La legge sui servizi sociali non include nessuna forma complessiva di assistenza alle famiglie con un bambino con disabilità. Di questo tipo di aiuto si occupano piuttosto i servizi sociali presenti nel territorio. In teoria, tramite questo canale i genitori potrebbero ottenere l'assistenza già dal momento della nascita del bambino con dei bisogni speciali. Per quanto riguarda la pratica, tuttavia, i servizi sociali territoriali hanno ancora delle difficoltà nell'applicarla secondo le leggi vigenti in materia[30].

La creazione di centri di assistenza precoce da parte delle autorità locali sarebbe un modo concreto, efficace e anche conveniente dal punto di vista economico per poter aiutare le famiglie con un bambino disabile senza privarlo del suo ambiente di vita dove trova un amore e un'accoglienza migliori. La vita della famiglia non dovrebbe ruotare soltanto attorno alle cure specialistiche, visite mediche, interventi chirurgici correttivi o ricerca delle soluzioni migliori per il proprio figlio, ma concentrarsi anche sulla creazione di un ambiente il più sereno possibile, di cui il bambino ha bisogno per progredire nello sviluppo. In questa prospettiva la centralità del bambino assieme al suo nucleo famigliare e la possibilità di usufruire di un'appropriata assistenza precoce vicino casa è di massima importanza.

---

[30] Cfr. Legge/Zákon č. 448/2008 Z. z..; Zákon o sociálnych službách a o zmene a doplnení zákona č. 455/1991 Zb. o živnostenskom podnikaní (živnostenský zákon) v znení neskorších predpisov, In: https://www.zakonypreludi.sk/zz/2008-448

Un'altra risorsa che dovrebbe essere messa a disposizione delle famiglie con figli disabili a carico è l'accesso alla consulenza specialistica personalizzata nel territorio di residenza. È importante creare una rete di servizi a misura d'uomo, che lavori a favore dei genitori fornendo loro supposto logistico e consulenza specialistica appropriata, senza doverla cercare nei grandi centri d'eccellenza a volte molto distanti. I centri di supporto territoriali potrebbero organizzare inoltre attività comuni, seminari con esperti, riunioni dei genitori o corsi settimanali per le famiglie. Utile sarebbe anche il noleggio dei giocattoli adatti ai bimbi con deficit sensoriali o delle attrezzature medicali specialistiche, con la possibilità di portarli direttamente alle famiglie.[31]

L'assistenza precoce dovrebbe, in primis, dare le informazioni adatte alle esigenze specifiche del bambino e della sua famiglia, fornire l'aiuto professionale di cui hanno bisogno e i consigli pratici rivolti ai genitori circa la cura e le procedure specifiche da attuare nell'ambiente domestico del bambino. È importante che i rispettivi professionisti e volontari coinvolti in tale servizio siano in grado di coinvolgere entrambi i genitori, cadenzare gli interventi per ottimizzare le risorse disponibili, indicare obiettivi prossimi da raggiungere e valutarli nel tempo. È necessario che prestino attenzione ad entrambi i genitori, ai fratelli e agli altri membri della famiglia e sappiano inserirli nel processo di aiuto e/o riabilitazione. Non meno importante è il loro compito di coordinare gli interventi assistenziali con altri attori istituzionali, creare i collegamenti e mantenere il contatto con altre famiglie che vivono simili problemi e aiutare i genitori ad ottenere il supporto della comunità locale. In questo campo hanno un ruolo fondamentale la Chiesa/parrocchia, le organizzazioni non governative e le associazioni del volontariato inserite nel territorio.[32]

L'assistenza precoce è importante sia dal punto di vista professionale che sociale. Essa mira a sostenere gli sforzi delle famiglie con un bambino disabile e dei servizi che ne forniscono l'aiuto. Ha un ruolo cruciale nella creazione all'interno della società di

[31] Cfr. Bazalová, B.: *Dítě s mentálním postižením a podpora jeho vývoje*. Praha: Portál, 2014.
[32] Fitznerová, I.: *Máme dítě s handicapem*. Praha: Portál, 2010.

una sensibilità nuova, più aperta e coesa, attorno ai bambini handicappati e alle loro famiglie.

2.1. Le condizioni per garantire la fruibilità dell'intervento precoce

L'intervento precoce dovrebbe soddisfare alcuni requisiti basilari per essere fruibile dalle famiglie. Secondo l'Agenzia Europea per i bisogni educativi speciali e l'istruzione inclusiva (precedentemente nota come Agenzia Europea per lo viluppo dell'educazione per persone con bisogni speciali, vedi: https://www.european-agency.org/), una delle caratteristiche essenziali dei servizi di assistenza precoce è la loro accessibilità. Ciò significa che dovrebbe essere prestata in modo tale da essere alla portata di tutte le famiglie che hanno bisogno d'aiuto, non solo nelle città ma anche nelle zone rurali. Si tratta di vicinanza/prossimità, nel senso di fornire i servizi all'interno della comunità locale o direttamente a casa e anche nel senso di comprendere e rispettare l'unicità ed i bisogni particolari di ogni famiglia. L'accessibilità finanziaria dei servizi per le famiglie è anche facilitata dal fatto che nella maggior parte dei Paesi questa attività è finanziata con le risorse del Ministero della Salute, degli Affari Sociali e dell'Istruzione Pubblica, dalle compagnie assicurative e dalle organizzazioni senza scopo di lucro. Gli specialisti che prestano supporto alle famiglie provengono da diversi ambiti professionali e sono coinvolti in una collaborazione multidisciplinare che facilita lo scambio di informazioni tra i singoli membri del team. La varietà dei loro servizi deriva dall'intreccio di tre aree: sanità, servizi sociali e istruzione.

Dai risultati dell'analisi fatta nello studio sopracitato[33] condotto in diversi Paesi europei derivano le seguenti raccomandazioni:

1) In termini di accessibilità, si raccomanda di creare una concezione sistemica di assistenza precoce a livello locale, regionale e nazionale con il supporto di misure

[33] Vedi in: https://www.european-agency.org/news/promoting-an-inclusive-climate-in-slovakian-schools

politiche, per garantire la disponibilità di informazioni e definire chiaramente i gruppi target. L'obiettivo comune dell'intervento precoce è quello di essere disponibile per tutti i bambini e le loro famiglie che hanno bisogno di aiuto il prima possibile. Questa è una priorità comune a tutti i Paesi, finalizzata a correggere le disparità regionali nella disponibilità di risorse e garantire che i bambini e le loro famiglie in cerca di assistenza abbiano accesso a servizi della stessa qualità.

2) Al fine di garantire la vicinanza dei servizi, è necessario ottenere informazioni sulle condizioni della famiglia e del suo contesto sociale direttamente dall'ambiente di provenienza della famiglia stessa e nel rispetto delle sue attuali esigenze e di quelle del bambino. In questo settore si tratta soprattutto di garantire che gli aiuti raggiungano tutti i membri della popolazione target. In tal modo l'aiuto è disponibile il più vicino possibile alla famiglia, sia a livello delle regioni che nella comunità locale. Il punto di partenza è una chiara comprensione e rispetto dei bisogni della famiglia.

3) L'accessibilità all'assistenza dovrebbe essere indipendente dalla condizione socioeconomica della famiglia, il che significa che tutti i servizi dovrebbero essere finanziati con fondi pubblici attraverso le agenzie responsabili dell'assistenza sanitaria, della sicurezza sociale o dell'istruzione pubblica, oppure attraverso organizzazioni non governative senza scopo di lucro. Tali servizi dovrebbero essere forniti alle famiglie gratuitamente oppure a un costo minimo; fruibili come una prestazione complessiva o divisi in prestazioni singole.

4) Dovrebbe essere garantita la cooperazione di esperti con la famiglia, che rimane sempre la protagonista indiscussa. Sono gli esperti stessi che dovrebbero iniziare questa cooperazione, favorire uno scambio di informazioni funzionale e continuo, supportato da momenti formativi, corsi di training avanzato ed esercizi pratici. Gli operatori, il cui compito è aiutare i bambini e le loro famiglie, pur provenienti da diversi background professionali e culturali, dovrebbero essere capaci di lavorare in un team multidisciplinare che raduna varie competenze coinvolte nella cura della prima infanzia. Il coinvolgimento di esperti in tre aree di servizi - sanità, sicurezza/assistenza sociale e istruzione - è un comune denominatore dell'assistenza precoce in diversi Paesi

europei, ma allo stesso tempo ogni Paese riserva degli spazi necessari per poterla adeguare al meglio alle esigenze specifiche territoriali.

5) La composizione stabile dei team professionali è necessaria per garantire servizi di qualità. L'omogeneità dei settori che forniscono assistenza precoce non dovrebbe escludere una certa condivisione di responsabilità con altri settori di vita pubblica.

6) La presa in carico della famiglia con un bambino disabile è comunemente legata all'assegnazione di un consulente che, conoscendo meglio le sue esigenze, sarà in grado di accompagnarla in maniera personalizzata mediando il contatto con altri professionisti.

L'intervento precoce è entrato a pieno titolo nel ventaglio dei servizi sociali dedicati alle famiglie con un bambino disabile con lo scopo di strutturare in maniera personale ogni intervento, adeguandolo alle esigenze particolari di ogni nucleo famigliare.

2.2. L'intervento precoce e le attese della famiglia

Di fronte alla disabilità del bambino o ad un possibile ritardo nello sviluppo, la sua famiglia si pone due quesiti fondamentali:

1) Se e in che modo sarà in grado di accettarlo e aiutarlo nel suo cammino di vita, evitando l'insorgenza di disagi o criticità.

2) Se, insieme agli esperti, sarà in grado di utilizzare al meglio le risorse e le opportunità esistenti per potenziare lo sviluppo del bambino nei suoi primi 3-4 anni di vita, favorendo la sua autonomia, la maturazione emotiva e intellettuale, le relazioni con gli altri, le capacità comunicative, le attività ludiche, ecc. È proprio in questi anni che il bambino, tramite i meccanismi di compensazione, è in grado di ridurre i deficit preesistenti.

Le risposte a queste due domande possono determinare il funzionamento della famiglia nell'avvenire e creare un solido background per una vita felice del bambino nato con disabilità. Molto dipende dalle priorità che si danno i famigliari, che pur considerando lo svantaggio dell'handicap di uno dei suoi membri, non lo vedono come limite invalicabile. Di solito la famiglia non entra in crisi solo a causa della disabilità del figlio. Spesso sono le difficoltà non risolte che affiorano in presenza dell'evento traumatizzante e, accentuando tensioni precedentemente non gestite, mettono in evidenza lo squilibrio preesistente. La presenza confortante dei famigliari e il supporto professionale degli esperti sono in grado di inserire la disabilità nel quadro più ampio dei bisogni del nucleo famigliare, fornendo il miglior aiuto nel tempo opportuno.

Fondamentale per il benessere della famiglia risulta il lavoro sulle relazioni e i legami che uniscono i membri della famiglia stessa e sul suo inserimento in un contesto sociale capace di sorreggerla. Con la nascita di un bambino disabile la famiglia si differenzia dalle altre. Questa differenza si riferisce a tutti gli aspetti della sua vita e tocca tutti suoi membri. La famiglia acquisisce una diversa identità sociale, cambia il suo stile di vita, cambia il carattere delle relazioni all'interno di essa ma anche all'esterno, verso le altre realtà sociali.

Il modo in cui la famiglia sarà in grado di far fronte a questa nuova situazione dipende da diversi fattori: dall'esperienza dei genitori, dai tratti della loro personalità, dall'età, dallo stato di salute, dalla qualità delle loro relazioni interne, dal numero dei figli, dal tipo e dalla causa della disabilità.

Gli approcci messi in atto per affrontare la situazione possono avere una duplice natura: attiva e passiva. L'approccio attivo si manifesta negli sforzi per combattere la situazione ritenuta inaccettabile, nelle richieste d'aiuto e nei tentativi di riabilitazione del bambino. Il modo passivo di affrontare le difficoltà limita la capacità di trovare una soluzione accettabile e spesso si manifesta come fuga dalla situazione che i genitori non sanno affrontare. Il modo più eclatante di fuggire le difficoltà è quello di affidare il bambino alle cure istituzionali o quello dell'abbandono della famiglia da parte di uno dei genitori, spesso il padre. Un altro modo di sfuggire alla situazione può anche essere quello di negarla: i genitori si comportano come se il bambino fosse sano o i suoi problemi fossero solo temporanei. Un altro modo ancora di non affrontare la realtà dei fatti consiste in un'"azione sostitutiva" con la quale i genitori compensano il mancato adempimento del compito genitoriale. In questo caso i genitori rinunciano alla possibilità di vedere un miglioramento delle condizioni del bambino e iniziano a dedicarsi a un'altra cosa, per esempio alla propria carriera professionale, causando così una stagnazione nello sviluppo del bambino, che altrimenti avrebbe progredito.[34]

Ogni famiglia sviluppa le proprie strategie per far fronte ai bisogni di un bambino disabile. Esse sono influenzate da una serie di fattori che riguardano principalmente la personalità dei genitori, il loro coinvolgimento emotivo e la disponibilità di risorse personali e sociali. Grazie all'utilizzo di queste risorse, la famiglia è in grado di gestire le situazioni problematiche in maniera egregia e affrontarle senza gravi squilibri.

In circostanze favorevoli, quando si può contare su risorse interne ed esterne sufficienti, anche una situazione traumatica può essere vissuta, almeno in parte, positivamente. Può costituire una sfida, risvegliando le potenzialità assopite. In questo contesto, possiamo parlare dei benefici dell'atteggiamento di accettazione e gestione attiva della situazione, percepita come una prova e un compito di vita. Questo atteggiamento rafforza la fiducia dei genitori in se stessi, promuove la loro collaborazione e stimola la complicità.

Molti esempi mostrano il cambiamento positivo della personalità dei genitori di un figlio disabile. Dopo un'iniziale distanza, spesso dovuta alla paura e all'ignoranza delle cause della disabilità, i genitori riescono a rivalutare la situazione in maniera positiva, dando senso ai loro sforzi e apprezzando ogni piccolo progresso fatto dal figlio. Alcuni riescono ad innescare una catena positiva di eventi in grado di modificare qualche aspetto negativo del loro vissuto. Molti alimentano le loro forze con un'attività gratificante (sport, lavoro, interessi culturali, amicizie), per poter investire, in seguito, le loro energie nell'ambito famigliare. Altri ancora, evocando le esperienze positive del passato, riescono a ritrovare le speranze per un futuro propizio.

In questo processo di adattamento della famiglia alla disabilità del figlio, può avere un ruolo importante l'intervento precoce di counseling, che può accompagnarla nella riorganizzazione e aiutarla nell'ampliare l'utilizzo delle risorse di cui dispone.

---

[34] Cfr. Šmidová, M.: *Perspektívy pomoci ľuďom s postihnutím a ich rodinám*. Trnava: Dobrá kniha, 2014.

3. Il ruolo dell'accompagnamento/counseling nell'aiuto alla famiglia

L'intervento precoce è una forma d'aiuto che accompagna la famiglia nella fase iniziale del suo adattamento alla presenza del bambino disabile. Questo momento non è facile e ogni mano tesa in segno di d'aiuto dona conforto e infonde coraggio. Importante diventa la presenza, che si fa dono e personifica l'interesse, l'ascolto e l'accoglienza. Il valore di questa presenza è descritto dalle parole del Salmo 22: "Se dovessi camminare in una valle oscura, non temerei alcun male, perché tu sei con me." (Sal 22,4). Attraversare una valle buia è un'esperienza difficile, spesso angosciante. Se immaginiamo tale passaggio, comprendiamo bene il disagio e la paura di coloro che vi si trovano. Chi attraversa una valle oscura desidera ardentemente avere qualcuno al suo fianco. Anche solo il rumore dei passi o il suono di una voce riescono ad esprimere vicinanza e a infondere sicurezza...

L'accompagnamento, che descriviamo con l'espressione inglese counseling, è un cammino in una valle oscura: chi si trova nel momento del bisogno e chi è in grado di dargli sostegno camminano l'uno accanto all'altro nella stessa direzione. La scoperta della disabilità del proprio figlio, le incomprensioni nel seno della famiglia, la fine di un rapporto durato per anni, la mancanza del senso della vita: sono solo alcune delle situazioni nelle quali avere accanto a sé una persona, che capisce e sorregge, può cambiare la visione delle cose.

Attraversare una valle oscura, affrontare un momento di fragilità o gestire una situazione difficile non sempre, e non per tutti, è facile. Tante persone che hanno raggiunto il successo nella vita hanno un lavoro che le soddisfa e gratifica, una bellissima famiglia e amici fedeli, ma di fronte ad alcuni eventi che la vita pone loro dinanzi possono ritrovarsi assillati da dubbi o tentennamenti sulla direzione del cammino che gli si prospetta. In questi momenti non si è in grado di farsi le domande giuste né trovare risposte soddisfacenti, perché la situazione è così impegnativa, carica di sentimenti ed emozioni contrastanti che non si è in grado di discernere correttamente e decidere cosa fare. Sono proprio questi i momenti nei quali abbiamo bisogno di qualcuno che ci stia vicino, che ci parli al momento giusto o taccia insieme a noi e ci rassicuri con la sua vicinanza.

Il viaggio fatto insieme a qualcuno in grado di aiutarci a comprendere noi stessi, il nostro mondo interiore e quello esterno, che nel linguaggio tecnico chiamiamo counselor, diventa un'esperienza che agevola il cambiamento di vita. Scopriamo allora, a volte con sorpresa, che esiste qualcuno che si interessa di noi, dei nostri veri sentimenti, della nostra condizione di vita e allora ci sentiamo accolti, capiti, meno soli e capaci di guardare la nostra situazione in una maniera diversa, pronti per esplorare i meandri della vita e guardare l'avvenire con occhi nuovi, decisi ad iniziare un cammino che ci porti alla riscoperta del nostro valore e disposti ad impegnarci per un progetto di vita che scegliamo in piena libertà.

La presenza di qualcuno che sia in grado di ascoltare le paure, accogliere il dolore, dissipare i dubbi, capire l'angoscia che assilla e che crea insicurezza, rende più facile anche il cammino di una famiglia. A questo si riferisce il Papa Francesco nell'Esortazione apostolica postsinodale sull'amore nella famiglia "Amoris Lætitia", quando parla del desiderio suo e della Chiesa "di accompagnare ciascuna e tutte le famiglie perché scoprano la via migliore per superare le difficoltà che incontrano sul loro cammino." L'accompagnamento infonde coraggio, aiuta a guardare più realisticamente le risorse a disposizione e a fare un altro passo avanti lungo la strada che si prospetta all'orizzonte della vita.

L'immagine offertaci dal Salmo 22, che descrive l'attraversamento di una valle oscura in compagnia di qualcuno che infonde coraggio e speranza, può essere il paradigma dell'accompagnamento e del counseling come modalità di aiuto alle persone e alle famiglie in difficoltà lungo il cammino della loro vita.

3.1. Il counseling nell'ambito dell'intervento precoce

Il termine counseling deriva dall'etimologia latina *"consulo"* nella sua accezione di *"avere cura di qualcuno"*, *"venire in aiuto a qualcuno"*. In termini generali il counseling si può definire come un intervento basato sulla relazione d'aiuto che s'instaura tra il counselor (colui che aiuta) e la persona/le persone in cerca di aiuto in un momento difficile della vita.

La diagnosi di disabilità di un bambino richiede una riorganizzazione radicale dell'andamento familiare che, associato al livello di gravità dell'handicap, diventa fonte di confusione, fatica e stress per tutto il sistema familiare. Senz'altro la famiglia deve affrontare compiti più complessi rispetto alle altre famiglie. La transizione al ruolo di genitori di un bambino handicappato richiede alla coppia di affrontare un insieme di compiti quali la gestione dei bisogni particolari del figlio, degli spazi personali e di coppia, del rapporto con la famiglia d'origine e gli amici, del rapporto con la società e l'ambiente di vita, della ripartizione dei ruoli e dei compiti nella cura del bambino, dell'introduzione di regole e norme che lui può recepire, ecc. Tutto questo crea ai genitori non poche difficoltà che, se non affrontate adeguatamente già dall'inizio, possono innescare momenti di crisi e d'impasse sia a livello del singolo individuo, sia a livello della famiglia nel suo complesso. In questo contesto il counseling si rivela particolarmente utile come modalità di intervento precoce in diverse situazioni problematiche: un'insoddisfacente comunicabilità con conseguente conflittualità tra i membri della famiglia; le difficoltà nel rapporto di coppia createsi a causa della priorità che uno dei partner ha dato al ruolo genitoriale rispetto a quello coniugale; i conflitti intergenerazionali nel seno della famiglia o le interferenze esterne nell'equilibrio famigliare.[35] Il counseling si applica essenzialmente in situazioni in cui la famiglia desidera migliorare le proprie relazioni familiari favorendo il potenziamento delle risorse per una più soddisfacente evoluzione affettiva e relazionale dei suoi membri. Può essere utile, inoltre, come intervento di sostegno emotivo ai genitori, o ad altri famigliari, che affrontano situazioni particolarmente stressanti a livello sia personale che familiare. Può costituire il punto iniziale del percorso fatto assieme alla persona/famiglia che in un determinato periodo della vita ha bisogno di supporto per chiarire, capire ed elaborare il proprio vissuto.

[35] Cfr. Trębski, K.: *Il colloquio. Strumento d'intervento nel counseling*, Berlin: Edizioni Sant'Antonio, 2019.

Lo scopo dell'intervento di counseling applicato alla famiglia con un bambino disabile è quello di facilitare l'integrazione e l'ampliamento delle risorse di cui la famiglia stessa dispone durante i processi di adattamento alla presenza del figlio con l'handicap. Queste risorse sono distinte in risorse personali, familiari e sociali. Le risorse personali sono quelle possedute dai singoli membri della famiglia, come lo stato di salute, l'istruzione, le caratteristiche di personalità, ecc. Le risorse familiari riguardano in particolare lo stile di funzionamento, cioè il modo in cui la famiglia gestisce e integra i bisogni di unità e stabilità con quelli di crescita, trasformazione e autonomia. Le risorse sociali, infine, sono quelle che emergono dal rapporto con l'ambiente sociale in cui la famiglia è inserita: le relazioni con i parenti, gli amici, i vicini di casa o le altre famiglie che vivono gli stessi loro problemi, ma anche con le scuole, i servizi socio-sanitari, le organizzazioni non governative o di volontariato che contribuiscono significativamente al modo in cui la famiglia supera determinati momenti. Molte famiglie, pur avendo accesso a notevoli risorse, non hanno la consapevolezza delle loro potenzialità e non si sentono capaci di incidere in modo positivo sulla situazione, tanto da sviluppare sentimenti di resa che le rendono inermi di fronte alle difficoltà. Il counseling potrebbe aiutarle nella ricerca dei nuovi equilibri e delle soluzioni adeguate per superare il momento di difficoltà e facilitare la comunicazione tra i loro membri, aumentando in questa maniera la conoscenza e la consapevolezza sul proprio funzionamento e valorizzando le risorse presenti.

Attraverso la ricontestualizzazione il colloquio di counseling offre alla famiglia e ai suoi membri l'opportunità di percepire l'evento della nascita del figlio disabile sotto una luce diversa, permette di trasformare il significato di questo evento da distruttivo e nocivo a buono, contribuisce a creare un clima di cooperazione e di cambiamento in cui i giudizi, le attribuzioni di colpe e di significati fanno spazio all'empatia, all'ascolto e alla comprensione di ciascuno.

3.2 Il colloquio di counseling

Il colloquio come strumento di counseling, tramite il dialogo con il singolo membro della famiglia o con tutto il nucleo famigliare, si propone di esplorare il vissuto, attraversare le emozioni, condividere le difficoltà, dare significato alla sofferenza, ma permette anche di fermarsi e di stare con quello che ciascuno vive nel momento presente, rispettando i propri limiti e i propri tempi.

Durante il colloquio il counselor può, tramite alcune domande, raccogliere delle informazioni essenziali per la comprensione della situazione famigliare, facilitare la comprensione del problema di maggiore rilevanza e agevolare la comunicazione tra i membri della famiglia. Formulate in modo corretto e al momento giusto, le domande possono dare ai singoli membri la possibilità di superare le difficoltà che possono incontrare durante la seduta e di sentirsi abbastanza sicuri da poter riflettere liberamente sulla propria situazione senza sentire la necessità di difendersi.[36] In particolare, le domande tipiche nel counseling familiare sono:

- domande esplorative: poste all'inizio e alla fine delle sedute, mirano a fare chiarezza sugli obiettivi, ad approfondire le motivazioni di ciascuno al fine di favorire la partecipazione di tutti e il loro coinvolgimento personale;
- domande facilitanti: tese ad organizzare la discussione, focalizzano l'attenzione dei singoli su uno stesso problema, lo chiariscono e ricontestualizzano al fine di evitare il giudizio di una persona su un'altra;
- domande che hanno lo scopo di mediare: invitano i membri della famiglia ad un ascolto attento focalizzato su sentimenti, opinioni e desideri autentici di ciascuno. In tal senso un problema è affrontato prestando attenzione piuttosto che alle accuse o minacce, alle intenzioni che si nascondono dietro la disputa.

Il counselor dovrebbe tenere presente alcuni accorgimenti nel corso delle diverse fasi del percorso di counseling famigliare. Nella prima fase è innanzitutto necessario

[36] Cfr. Trębski, K.: *Counseling come accompagnamento e relazione d'aiuto. Approccio integrato*, Warszawa: RHETOS, 2017, p.79.

stabilire un contatto emotivo, dando il benvenuto a tutti i membri della famiglia e prestando attenzione a ogni persona presente, mettendola a proprio agio. Questo vale per gli adulti ma anche per i bambini, che spesso non riescono a concentrarsi molto a lungo: a loro serve uno spazio che garantisce la libertà di movimento e qualche attività ludica. In questa prima fase il counselor si adopererà in particolare per comprendere le motivazioni di ciascuno al percorso di counseling, facendo uso di domande tese a stabilire un contatto con tutti i partecipanti.

Dopo la fase di accoglienza, generalmente si inizia con la presentazione di un problema da parte di un membro della famiglia che può essere in parte sostenuto dagli altri. Nel counseling rivolto alla famiglia con un figlio disabile il problema presentato in genere riflette una spaccatura fra l'esperienza reale dei singoli membri della famiglia e il concetto che essi hanno di quell'esperienza. Con l'arrivo del figlio handicappato i cambiamenti sono inevitabili Il compito del counseling è quello di rendere i membri della famiglia più consapevoli delle loro reazioni e scelte di fronte alla nuova realtà.
È da tenere presente che a differenza del counseling individuale in cui la motivazione al percorso intrapreso si può dare per scontata, in quello familiare di solito una persona è meno motivata dell'altra o riceve delle pressioni e quindi risulta più restia ad aprirsi. Il counselor dovrà quindi adoperarsi affinché anche la persona meno motivata possa prendere parte al dialogo ed esprimere il suo punto di vista. Questo permette un maggior coinvolgimento di tutti i membri della famiglia alla seduta e al counselor una conoscenza dei diversi punti di vista con cui ognuno guarda la situazione problematica.

La fase centrale del colloquio è dedicata a focalizzare l'attenzione sul vissuto nel qui ed ora. Il tema del dialogo è rappresentato dall'approfondimento del problema che comporta sofferenza in relazione ai comportamenti e alle reazioni di tutti gli attori principali della vita famigliare. È una fase di valutazione, nella quale possono emergere sentimenti forti o reazioni inaspettate che rendono il colloquio più complesso. Queste manifestazioni non necessariamente devono essere viste come qualcosa di negativo, ma come un'opportunità per poter esprimere i propri sentimenti e punti di vista senza sentirsi giudicati o minacciati. Il counselor prestando la sua attenzione a chi parla e poi a chi ascolta faciliterà la comprensione dei sentimenti espressi dai membri della famiglia, dando loro un significato all'interno di un contesto più ampio. Attraverso l'ascolto i membri della famiglia imparano ad essere meno impulsivi nel reagire a ciò che dicono gli altri e ad avere maggiore fiducia nel counselor. In genere nella fase centrale i membri della famiglia divengono più attivi e propositivi nella scelta degli argomenti da trattare, più capaci di comunicare con l'altro e ascoltarlo. Questo rende l'intervento del counselor meno frequente e gli permette di concentrarsi maggiormente sugli aspetti profondi di ognuno.

In questa fase i partecipanti ridefiniscono continuamente il problema che li ha portati in consultazione: un problema generale si trasforma in altri problemi più piccoli, gestibili più facilmente da ogni membro della famiglia. Se si sentono ascoltati e compresi possono permettere a questioni più personali e meno accusatorie di entrare nella conversazione. Il counselor facilita questo processo attraverso l'esplorazione dei sentimenti e dei pensieri che sottintendono un comportamento o un evento e orienta i partecipanti verso un modo più personale di esprimersi. Inoltre, li invita ad osservare ed esplorare i cambiamenti nel loro modo di comunicare e nel modo di riflettere, facilitando la consapevolezza della loro efficacia e del loro potere decisionale rispetto ai problemi e alle difficoltà.

Nella fase finale del counseling applicato alla famiglia si cerca di focalizzare l'attenzione dei famigliari sul superamento del problema. Se nelle fasi precedenti il counselor operava per facilitare la comprensione e l'avviamento del cambiamento, nella fase conclusiva si trova a facilitarne l'integrazione nel tessuto famigliare.

Gli argomenti più importanti da affrontare nella fase finale riguardano la valutazione condivisa di quali siano le problematiche da affrontare per ordine e grado, la consapevolezza dei cambiamenti in atto nella famiglia e della loro entità, il riconoscimento di ciò che nella loro vita può essere cambiato e di ciò con cui si deve imparare a convivere. L'intervento si conclude quando la famiglia ritiene di aver trovato le risorse e la modalità per poter affrontare in maniera autonoma il problema che l'affiggeva.

3.3. L'ascolto attivo

Una delle abilità più importanti del counseling è l'ascolto attivo. Il counselor ascolta con uno sforzo intenzionale ciò che durante il colloquio dice il cliente per capire il suo punto di vista, ma l'ascolto è rivolto anche verso se stesso per ascoltare le proprie reazioni, per essere consapevole dei limiti dei propri punti di vista.[37] Tale ascolto crea un'armonia di pensieri, sentimenti, esperienze e credenze nel destinatario della relazione d'aiuto e nel counselor.

L'ascolto attivo oltrepassa le parole: non si affida alla semplice registrazione di ciò che viene detto, ma è solerte nel trovare tra le "pieghe" del discorso un significato profondo del vissuto raccontato. Ascoltare attivamente significa entrare nello spazio interiore dell'interlocutore, cogliere un bagliore del suo mondo interiore e comunicargli comprensione.

L'ascolto attivo va oltre un semplice esercizio uditivo. Include anche la capacità di tracciare e capire i messaggi non verbali. Oltre a questo, il counselor dovrebbe utilizzare consapevolmente comportamenti che semplificano il processo di consulenza e includono il contatto visivo, l'imitazione discreta delle espressioni mimiche del destinatario dell'aiuto, che esprime sintonia empatica, e l'incoraggiamento verbale durante le pause o nell' impasse del suo discorso.

Il counselor dovrebbe essere in grado di parafrasare l'annuncio dell'interlocutore, segnalare una comprensione del suo intento comunicativo e dei suoi sentimenti e avere la capacità di fargli domande che verifichino l'accuratezza della comprensione del problema presentato.

Saper ascoltare attivamente ha a che fare con il cuore, con l'atteggiamento umano, caldo e accogliente del counselor, del suo calarsi affettivamente nel mondo interiore della persona aiutata (empatia affettiva), sintonizzandosi sulle sfumature delle sue

---

37 Cfr. Spalletta E., Germano F.: *Microcounseling e Microcoaching, Manuale operativo di strategie brevi per la motivazione al cambiamento*, Roma: Sovera, 2006.

emozioni e dei sentimenti. Un sano atteggiamento affettivo del counselor l'aiuta a crescere, a creare quel ponte sicuro che le permette di esplorare il suo mondo interiore. Per sviluppare l'abilità dell'ascolto attivo il counselor dovrebbe:

- nella fase iniziale del colloquio, mantenere il silenzio e concentrarsi esclusivamente su ciò che dice l'interlocutore senza interferire con i propri pensieri a riguardo;
- ascoltare e osservare, raccogliendo tutte le informazioni necessarie sulla situazione che l'interlocutore vive. È importante recepire ciò che l'interlocutore esprime anche oltre le parole attraverso, ad esempio, il tono della voce, la postura, le espressioni del volto, ecc.;
- evitare di esprimere giudizi sia sui contenuti del messaggio, sia nei confronti dell'interlocutore stesso;
- verificare la propria comprensione, riservandosi la possibilità di fare domande aperte per agevolare il racconto e migliorarne la propria comprensione;
- riformulare il contenuto per verificare di aver compreso. Il counselor può effettuare una verifica di quanto gli è stato comunicato attraverso l'utilizzo della riformulazione a parafrasi;
- comunicare comprensione all'interlocutore, avvicinandosi il più possibile a vedere il mondo dal suo personale punto di vista e facendogli capire che il suo messaggio è stato recepito dicendo, ad esempio, "Ho capito", "Continua pure", inviando contemporaneamente segnali di assenso del capo;
- evitare le distrazioni. Mentre si ascolta è bene evitare di distrarsi per consultare lo smartphone e il pc o per svolgere altre azioni che disturbano l'interazione con l'interlocutore;
- astenersi dal fornire consigli o dal volersi sostituire al cliente per risolvere i suoi problemi;
- saper ricapitolare i contenuti significativi del colloquio per aiutare il cliente a vedere sotto una nuova luce l'insieme di ciò che egli ha detto.[38]

---

[38] Corey, G.: *Theory and Practice of Counseling and Psychotherapy*. United States of America: Brooks/Cole 2009.

3.4. L'atteggiamento del counselor

Il counselor è un esperto nel campo delle relazioni, formato per svolgere il suo compito nell'ambito della relazione di aiuto (counseling), che accompagna chi ha bisogno di capire meglio le proprie difficoltà, individuare le risorse per affrontarle e trovare le forze necessarie per un cambiamento in una direzione autonomamente scelta. Il counselor lungo questo cammino informa, educa e supporta le condizioni del cambiamento, ma deve anche ridimensionare le aspettative, a volte sproporzionate, dell'accompagnato, che spesso nutre la speranza che il suo problema sarà risolto velocemente, quasi "automaticamente", senza richiedere una considerevole quantità di tempo e uno sforzo.[39] Una caratteristica importante del counselor dovrebbe essere una chiara identità personale, una personalità matura che gli permette di gestire la propria vita, caratterizzata da sincerità, onestà e non priva del senso dell'umorismo, frutto del sano distanziamento da sé che permette di abbracciare senza paura le debolezze altrui.

Il counselor dovrebbe avere una buona conoscenza di sé, dei propri punti di forza e dei propri limiti ed essere in grado non solo di dare ma anche di ricevere aiuto. Dovrebbe avere una tale apertura mentale che gli permetta elasticità di pensiero e autonomia di giudizio nei confronti degli altri e di se stesso, per poter vedere i cambiamenti migliorativi necessari da promuovere negli altri e da introdurre nella propria vita per una maggiore crescita personale.

Il counselor nel cammino di accompagnamento dovrebbe evitare la tendenza ad esprimere un giudizio che potrebbe trasmettere un senso di inadeguatezza nel cliente ed essere fonte di angoscia, inibizione o rabbia. Un altro atteggiamento da evitare è l'interpretazione affrettata del comportamento della persona accompagnata, che di solito si basa sui propri valori e pregiudizi personali e non sulla vera conoscenza del mondo interiore della persona stessa. Può nuocere al cliente anche un'eccessiva protezione e sostegno forniti dal counselor, che invece di spronare il cliente alla crescita

[39] Cfr. Engels, D. W., Dameron, J. D.: *The Professional counselor: Competencies, performance guidelines, and assessment*. Alexandria: American Association for Counseling and Development, 1990. p. 1-12.

e al cambiamento lo rendono più debole, privandolo del reale confronto con le sue difficoltà. Fornire la soluzione in maniera prematura andrebbe nella direzione contraria a tutto il lavoro del counseling; dare una soluzione significa deresponsabilizzare il cliente nell'affrontare il suo problema. Inoltre, la soluzione suggerita potrebbe non essere quella giusta per quella persona. Nella foga di capire e voler andare oltre a quello che è manifesto, il counselor potrebbe incorrere anche nell'errore di voler sbirciare oltre il consentito e questo potrebbe generare ostilità e chiusura da parte del cliente. Effetti inevitabili in chiunque si senta sottoposto, fuori luogo, a una specie di interrogatorio.

Le qualità personali che il counselor dovrebbe avere sono spiegate bene da Rogers, che ha individuato una "triade" di comportamenti fondamentali in una relazione di aiuto[40]:

1. L'autenticità/ la congruenza

Il concetto di autenticità riguarda la capacità di essere trasparenti nelle relazioni con se stessi e con gli altri, cosa che garantisce la libertà interiore di comunicare all'altro ciò che si sente nei suoi confronti. Essere autentici vuol dire esprimere solo ciò che realmente corrisponde al proprio sentire, evitando frasi stereotipate e senza nascondersi dietro il ruolo che in quel momento si sta ricoprendo. Quanto più il counselor nella relazione sa essere se stesso, quanto più evita di nascondersi dietro il ruolo professionale, tanto più il cliente sarà in grado di esprimere se stesso ed iniziare il processo di modificazione e crescita costruttiva della sua personalità.[41]

Carl Ramson Rogers, famoso psicologo statunitense, fondatore della terapia non direttiva e noto per i suoi studi sul counseling, sottolineava l'importanza dell'autenticità e della genuinità, della trasparenza e della verità di chi fosse all'ascolto. Ha spiegato questo concetto con queste parole: "Tutti noi conosciamo gli individui di cui ci fidiamo perché sono veramente ciò che sembrano, aperti e trasparenti; in questo caso, sentiamo che stiamo davvero incontrando la loro personalità, e non solo una bella

---

[40] Giordani, B.: *Il colloquio psicologico nell'azione pastorale*. Brescia: La Scuola Editrice; Roma: Antonianum, 1973, p. 66.

[41] Trębski, K.: *Comunicazione e counseling. Aspetti propedeutici*. Warszawa: RHETOS, 2017, p. 53.

pretesa professionale. Questa è sincerità".[42] Nel processo di aiuto la sincerità del counselor si manifesta nel fatto che egli rimane se stesso, in contatto con i propri sentimenti e il proprio mondo interiore, senza sentire nessun bisogno di sopprimerlo e deformarlo. L'onestà è un prerequisito per un'armonia profonda vissuta a livello psicologico - l'accordo tra ciò che l'individuo sente, pensa, fa e, in definitiva, ciò che è. Rogers insiste nel ricordare che un counselor onesto non reprime la propria personalità, ma la esprime.[43] Secondo lui l'onestà del consulente è una *conditio sine qua non* per ogni relazione di aiuto.

Il counselor si mostra come una persona onesta, spontanea e trasparente nei confronti del cliente, con l'obiettivo di aiutarlo a capire chi è davvero, di permettergli di diventare se stesso, di esprimersi in maniera autentica, e non quello di dirgli come deve comportarsi o chi dovrebbe diventare. La persona umana, infatti, raggiunge il proprio pieno sviluppo solo in un contesto relazionale autentico.[44] Questo modo autentico di essere permette una comunicazione aperta, senza maschere o finzioni. L'autenticità del counselor diventa fonte ispiratrice, utile nella chiarificazione del mondo interiore del cliente, nell'entrare in contatto con i suoi sentimenti e le sue emozioni, rendendolo capace di comunicarli.

L'altro nome dell'autenticità è la congruenza. Essa non si esprime attraverso la continua comunicazione del counselor al cliente rispetto alle sue sensazioni, ma attraverso il rimando di quella che gli sembra la sensazione predominante rispetto al vissuto portato dal proprio cliente. Attraverso questa condizione si realizza l'intervento di aiuto. Infatti, mentre il cliente si trova disorientato, affogato e immerso all'interno delle sue problematiche e dei suoi disagi emotivi, il counselor è in uno stato di sufficiente benessere che gli permette di accompagnare il cliente nell'esplorare i propri sentimenti e le proprie paure.

---

[42] Rogers, C.: La terapia centrata sul cliente. In: Arieti, S. (ed.): *Manuale di psichiatria*. Torino : Boringhieri, 1970, p. 195.

[43] Cfr. Mucchielli, R.: *Apprendere il counseling*. Trento: Centro Erickson, 1987.

[44] Cfr. Coreth, E.: Co je človek? Praha: Zvon, 1994, p. 159.

La congruenza (l'autenticità) è fondamentale nel processo di counseling per almeno tre ragioni fondamentali che si dimostrano particolarmente positive per lo sviluppo del cliente stesso. La prima è collegata alla fiducia. La congruenza del counselor si esprime e viene colta dai clienti attraverso una relazione nella quale questo viene percepito come estremamente presente e vero nella loro relazione. La qualità della presenza del counselor rispecchia la sua congruenza. Tale condizione crea, nella relazione di aiuto, un movimento di fiducia che permette l'apertura da parte del cliente nell'esprimere le sue più profonde difficoltà. La seconda, collegata alla possibilità del counselor di non presentarsi come "esperto" ma come persona, gli permette di riuscire ad ascoltare il cliente con tutte le sue qualità e anche con le sue difficoltà e limiti di comprensione, che possono risultare per il cliente utili nel suo percorso di chiarificazione. Tale apertura sulle debolezze apparenti può dare al cliente che vive nel terrore delle sue debolezze nuove possibilità di accettazione di sé. La terza è legata al fatto che il cliente si sforza, vedendo la congruenza del counselor, di diventare anche lui più congruente e quindi di chiarire i propri dubbi esistenziali o pratici per i quali ha intrapreso il percorso di counseling.

La congruenza dunque non rappresenta un atteggiamento strategico adottato dal counselor per la buona riuscita del suo intervento, ma esprime invece la sua capacità ed il suo coraggio di essere in relazione con "l'altro" come persona autentica. Per Rogers la congruenza, da lui chiamata con vari termini durante il corso dell'evoluzione del counseling (autenticità, genuinità, trasparenza), rappresenta un grande sforzo per il counselor che mostra la propria autenticità, non nascondendosi dietro la maschera del professionista che ha tutte le risposte.

2. Accettazione incondizionata

Si tratta di un'accoglienza che scaturisce dalla sincera considerazione che l'aiutato è degno di rispetto, fiducia e stima. Tale sentimento, profondo e spontaneo, nasce da parte del counselor nel momento in cui incontra il cliente senza scudi e barriere, in una sincera relazione non giudicante. Il counselor riesce a mettere in atto questa condizione solo quando non vuole manipolare la relazione e riesce a vivere con il cliente questa esperienza in modo libero e vero.

L'accettazione positiva incondizionata rappresenta un importante caposaldo della teoria rogersiana e un punto fondamentale nella pratica del counseling e si esprime concretamente attraverso la capacità di accettare l'altro come è e per quello che prova. La possibilità di riuscire ad accettare gli aspetti di coerenza ma anche le zone buie e ambigue del cliente favorisce in lui la possibilità di chiarirsi, secondo i suoi tempi, rispetto a quali siano le sue vere e profonde emozioni per le scelte che ancora non sono chiare o dalle quali cerca di proteggersi. La possibilità di sentirsi libero di essere se stesso e considerato come persona positiva, aldilà delle sue difficoltà, porta la persona aiutata a riscoprire le sue qualità, a credere maggiormente nelle sue potenzialità e ad instaurare un rapporto di fiducia con il counselor.

Tale accettazione si esprime concretamente nella relazione di counseling attraverso una comunicazione non verbale tesa a garantire all'altro il rispetto delle sue posizioni e delle sue riflessioni esistenziali. In quest'ottica la conoscenza e l'accettazione del linguaggio dell'altro rappresentano una delle condizioni fondamentali e spesso vengono percepite dal cliente come un un'orientazione positiva nei suoi confronti. Il bisogno più profondo che la persona aiutata porta dentro di sé consiste nel desiderio di essere accettata così com'è, con tutti i suoi aspetti positivi e negativi. Accettare non significa necessariamente consentire, ma "amare un altro" come persona degna di rispetto, libera e autonoma o almeno capace di diventarlo. Il comportamento caratterizzato da accettazione incondizionata si manifesta nella capacità dell'aiutante di agire senza giudizi morali, condanne o apprezzamento sproporzionato. Tuttavia, ciò non significa che egli debba rimanere indifferente agli aspetti etici delle scelte della persona accompagnata o essere d'accordo con il suo comportamento dannoso. Accompagnandola nel suo processo di crescita, il counselor non esprime i giudizi sulle sue scelte, ma attraverso la relazione di aiuto facilita la presa di coscienza nei confronti dei comportamenti e/o degli atteggiamenti che le causano problemi. Mediante questo approccio non intende mostrare la propria superiorità morale, ma piuttosto enfatizzare il valore dell'introspezione, rispettando la libertà del cliente di fare le proprie scelte morali.

Il ruolo del counselor è quello di stare accanto alla persona per "aiutarla ad aiutarsi". Egli crede che questa persona ha già in sé le risorse per uscire dalla situazione faticosa in cui si trova, ma tali energie sono potenzialità di cui non è consapevole; si tratta allora di affiancarla perché le scopra e, mettendole in gioco, trovi la via per proseguire il proprio cammino di crescita utilizzando le nuove capacità. In quest'ottica il counselor è chiamato a porsi alla giusta distanza dalla persona che aiuta: non troppo lontano, altrimenti lei non sarà in grado di percepire il suo sostegno, ma nemmeno troppo vicino, per non diventare un oracolo che risponde ad ogni quesito e decida al posto suo. Il modo migliore di fornire l'aiuto non è quello di indicare che cosa fare e cosa evitare, quanto piuttosto quello di favorire la piena comprensione della situazione e il potere decisionale, permettendo così di gestire responsabilmente le situazioni quotidiane e fare delle scelte in maniera autonoma.

3. Comprensione empatica

L'empatia rappresenta una delle caratteristiche fondamentali all'interno della relazione di aiuto. Il termine empatia deriva dal greco "εμπαθεια" (empatéia, composta da en-, "dentro", e pathos, "affezione o sentimento"). Il concetto di empatia è stato oggetto di studio e riflessione da parte di diverse discipline. All'interno della cornice teorica rogersiana l'empatia si esprime attraverso un processo di attivazione emotiva che implica un contatto profondo e una grande disponibilità all'incontro con l'altro. Empatia significa stare con l'altro nel suo disagio, senza però far sì che diventi nostro. Nell'empatia si entra attraverso la domanda "cosa proverei io, se fossi al posto del mio cliente, nella situazione che mi ha descritto?". La comprensione empatica si configura come la capacità da parte del counselor di "sentire e percepire" il mondo del cliente, senza però valutarlo o giudicarlo. Secondo Rogers lo stato di empatia, dell'essere empatico, è il recepire lo schema di riferimento interiore di un altro con accuratezza e con le componenti emozionali e di significato ad esso pertinenti, come se il counselor e il cliente fossero una sola persona, ma senza mai perdere di vista questa condizione di “come se”.[45] Significa perciò sentire la ferita o il piacere di un altro come lui lo sente e di percepirne le cause come lui le percepisce. L’empatia dunque rappresenta, all’interno della cornice rogersiana, la possibilità di riuscire a comprendere profondamente l’esperienza soggettiva dell’altro, percependo il suo schema interno, con particolare attenzione alla componente emotiva che si esprime attraverso la complessità del linguaggio personale che cambia da persona a persona.

La possibilità da parte del cliente di sentirsi accolto e capito per quelle che sono le sue reali emozioni attraverso un ascolto empatico, rappresenta un punto fondamentale all’interno della relazione di counseling volta allo sviluppo della persona e alla comprensione delle sue risorse personali. Rende l’interlocutore più consapevole delle proprie emozioni, produce dei cambiamenti e porta ad una maggiore auto accettazione. Nel counselor l’empatia implica la capacità di selezionare dall’insieme degli elementi informativi che la persona aiutata presenta, quelli che in modo immediato e chiaro permettono di cogliere la situazione così come lei la percepisce. Questo si esprime nel rispecchiare fedelmente il suo vissuto, manifestato sia verbalmente che in maniera non-verbale. Per giungere a questo livello di comprensione è necessario ascoltare a fondo quanto ha da dire, entrando nel suo mondo percettivo in punta di piedi, per vedere la situazione come lei la vede.

Questa comprensione dell’altro nelle sue espressioni personali più intime, come se fossero le proprie, senza dimenticare che in realtà non lo sono, non deve essere eccessivamente influenzata da sentimenti o determinata da simpatia o intellettualità. Un’adeguata comprensione dell’altro deve essere adeguatamente combinata con l’equilibrio affettivo e l’intelligenza della percezione.

[45] Rogers, C.: Un modo di essere, Firenze: Martinelli, 1983, p. 121.

3.5. La presenza del counseling in Slovacchia

In Slovacchia il counseling non è ancora percepito come una professione indipendente e come tale non ha un suo posto sistematico nell'ambito dei servizi sociali, tuttavia esiste come attività professionale e/o certificata svolta nel contesto di varie professioni di aiuto.

Come specializzazione, il counseling è stato inserito dall'anno 2012 con il nome di psicologia della consulenza nel piano degli studi in psicologia dell'Università medica slovacca di Bratislava. I laureati in questo indirizzo di studio possono trovare sbocchi lavorativi presso vari centri di consulenza psicologica e pedagogica, uffici di collocamento e attività indipendenti. La Società psicoterapeutica slovacca (SPS) assicura successivamente corsi di training certificati in psicoterapia e consulenza, secondo l'indirizzo delle varie scuole psicologiche.

Finora il counseling non è inserito come materia specifica o corso di specializzazione nel sistema dell'educazione universitaria slovacco. È presente, invece, nel *curriculum studiorum* in lavoro sociale e generalmente fa parte dei corsi di master in riabilitazione sociale o consulenza sociale di base. Il piano di studi contempla principalmente la conoscenza delle tecniche basilari del counseling per migliorare la comunicazione in ambito personale e sociale. Presso il Dipartimento di Scienze della Famiglia della Facoltà di Teologia dell'Università di Trnava esiste da tempo un programma dedicato al "Lavoro sociale con la famiglia" a livello master, che comprende varie materie tra la quali il counseling. Lo scopo di tale indirizzo è quello di preparare esperti della relazione di aiuto, delle dinamiche di coppia e dei problemi della famiglia. Ogni anno presso la facoltà vengono organizzati diversi workshop internazionali che vedono la partecipazione di rinomati esperti in materia di counseling che, oltre alle lezioni frontali e ai seminari con gli studenti, condividono le loro conoscenze con gli ex alunni e i docenti durante le conferenze e i tirocini pratici. È in preparazione un nuovo programma di studi di terzo ciclo (dottorato di ricerca) con l'intento di offrire agli studenti interessati l'opportunità di svolgere ricerca in materia di servizi sociali, counseling e mediazione famigliare.

In termini di possibilità d'impiego, gli assistenti sociali con la padronanza del counseling possono essere impiegati nelle strutture pubbliche e private, oppure prestare i servizi di counseling in luoghi diversi, a condizione che abbiano conseguito la laurea magistrale in scienze del servizio sociale. Attualmente gli assistenti sociali sono oberati di lavoro di carattere burocratico e amministrativo e lo spazio per altre attività, come il counseling, rimane molto limitato. Tuttavia, per chi volesse dedicarsi all'attività di counselor a tempo pieno esiste la possibilità di richiedere una licenza particolare, rilasciata dalla Camera degli assistenti sociali, per poter svolgere il compito dell'assistente sociale in maniera autonoma, definendo personalmente i contenuti e il carattere del proprio lavoro.

4. La legislazione slovacca in materia di protezione e assistenza delle famiglie con un figlio disabile

Il tema della protezione delle famiglie con un figlio disabile nel contesto legislativo della Repubblica slovacca è un argomento estremamente ampio, che può essere contemplato da diverse prospettive. Tocca vari argomenti come, ad esempio, la posizione della famiglia come istituzione nella società e la sua definizione, la valutazione giuridica del matrimonio e della convivenza, i diritti di eredità e gli obblighi della famiglia verso i suoi membri, il principio di uguaglianza di tutti i famigliari e le relazioni della famiglia nei confronti delle istituzioni, la protezione dei minori e i loro diritti, l'entità e qualità dei servizi sociali alla famiglia, le questioni di lavoro, la remunerazione dei capifamiglia o degli altri famigliari che si occupano della persona disabile, e molte altre questioni regolate da diversi rami del diritto.

In questo contesto è importante cogliere il nesso tra le iniziative legislative e sociali e i bisogni e le aspettative delle famiglie con un figlio disabile per poter implementare l'applicazione delle leggi vigenti sui servizi sociali e attivare il processo dell'emendamento legislativo *de lege ferenda* (in vista della futura legge). Queste considerazioni forniscono le basi legali dell'intervento precoce in Slovacchia.[46]

4.1. I documenti *soft law* (privi di efficacia vincolante diretta)

Il documento più completo di natura extragiudiziale concernente tutti gli ambiti della vita della persona con disabilità, intitolato **Regole standard per la parità di opportunità per le persone con disabilità**, è stato emanato dall'Assemblea Generale delle Nazioni Unite il 20 dicembre 1993[47]. Questo documento ha rappresentato un forte

---

[46] Cfr. Šmidová, M., Šmid, M.: Ochrana rodiny v sociálnom kontexte / Protection of family in social and legal context. In: Lazar, J., Gajdošová, M. (eds.): *Sociálna funkcia práva a narastajúca majetková nerovnosť / Social function of law and growing wealth inequality*. Trnava: Typi Universitatis Tyrnaviensis, 2018. p. 129-155.

[47] General Assembly ONU: *Standard Rules on the Equalization of Opportunities for Persons with Disabilities*. In: https://www.un.org/development/desa/disabilities/standard-rules-on-the-equalization-of-opportunities-for-persons-with-disabilities.html

impegno morale e politico per la comunità internazionale e un punto di riferimento per i policy makers e per la società civile nella definizione dei programmi nazionali di intervento in favore delle persone disabili, fondati sulla prospettiva dei diritti umani, sul rispetto della dignità della persona, sulla promozione delle pari opportunità e della non discriminazione, sul riconoscimento delle libertà di cui ogni persona disabile deve godere. Introduce, seppur in maniera non vincolante, un sistema di monitoraggio per garantirne l'applicazione sulla base di rapporti regolari trasmessi alla figura dello "Special Rapporteur".

Parallelamente alla crescita culturale ed alla consapevolezza politica sull'importanza di collocare definitivamente i temi della disabilità nell'alveo dei diritti umani, l'Organizzazione Mondiale della Sanità mette a punto strumenti di misurazione della disabilità che progressivamente recepiscono i medesimi valori. Nel 2001, con l'International Classification of Functioning, Disability and Health (ICF, Classificazione internazionale del funzionamento, della disabilità e della salute) approvata dall'Assemblea Mondiale della Salute la disabilità viene definita come la conseguenza o il risultato dell'interazione tra la condizione di salute di un individuo, i fattori personali e i fattori ambientali. Viene ricordato che ogni persona, in qualunque momento della vita, può vivere una condizione di salute che in un contesto sfavorevole diventa disabilità e in quel momento ha diritto di essere aiutata e assistita. Questa affermazione segna un passaggio epocale per la vita delle persone che vivono una condizione di disabilità: l'handicap passa da condizione della persona a condizione dell'ambiente in cui essa vive. Tanto più l'ambiente sarà accessibile e privo di barriere fisiche, mentali, culturali, tanto meno si manifesteranno condizioni di disabilità. L'ICF, fondata su un modello biopsicosociale, attraverso una complessa check-list è in grado di misurare il funzionamento della persona in rapporto ad una serie di fattori sociali, ambientali, oltre che sanitari, individuando fattori "facilitatori" e fattori "barriere".

Nonostante i notevoli progressi nella percezione della disabilità come una condizione di vita che non deve discriminare, emarginare ed escludere chi ne è afflitto, la comunità internazionale è oramai consapevole dell'esigenza di una convenzione internazionale, cioè di uno strumento vincolante per gli Stati. Il processo per il riconoscimento ed il godimento dei diritti da parte delle persone con disabilità si è rilevato lento ed incerto anche se si è sviluppato in molti sistemi economici e sociali. È maturata la convinzione che soltanto un trattato internazionale interamente dedicato alla disabilità, e vincolante per la comunità internazionale, sarebbe in grado di stimolare in maniera decisiva l'avanzamento del sistema dei diritti e rafforzare notevolmente la capacità degli strumenti già esistenti di dispiegare pienamente i propri effetti.

Numerosi Stati hanno adottato in seguito delle legislazioni in materia di non discriminazione e pari opportunità nel contesto della disabilità, ma molte legislazioni e politiche nazionali sono ancora basate sull'assunto che le persone disabili non sono in grado di esercitare gli stessi diritti delle persone non disabili. In varie parti del mondo persistono ancora barriere di ogni tipo - culturale, economico, sociale - che precludono la partecipazione delle persone con disabilità alla vita della società civile.

4.2. Il diritto internazionale e i diritti delle persone disabili

Dopo la Seconda guerra mondiale, oltre alle dichiarazioni internazionali prive di efficacia vincolante diretta e ai diversi documenti che formulavano gli standard dei diritti e dell'assistenza alle persone con disabilità e alle loro famiglie, nell'ambito delle Nazioni Unite sono stati adottati alcuni documenti giuridicamente vincolanti. In una breve carrellata presentiamo i più significativi:

- **Carta delle Nazioni Unite** e **Statuto della Corte internazionale di giustizia** (San Francisco, 26 giugno 1945)[48], recepita e pubblicata nella Repubblica slovacca nel 1947 (30/1947 Zb.);
- **Dichiarazione universale dei Diritti dell'Uomo**, adottata dall'Assemblea generale delle Nazioni Unite il 10 dicembre 1948 a Parigi con la risoluzione 219077A;

[48] Vedi: https://www.admin.ch/opc/it/classified-compilation/20012770/200609120000/0.120.pdf

- **Convenzione internazionale sui diritti civili e politici** (meglio noto come **Patto internazionale sui diritti civili e politici**), adottato il 16 dicembre 1966 a New York ed entrato in vigore il 23 marzo del 1976. Nella Repubblica slovacca pubblicato nel 1976 (120/1976 Zb.). Nell'art. 26 la Convenzione stabilisce che tutti sono uguali davanti alla legge e hanno diritto, senza alcuna discriminazione, alla parità di protezione della legge;

- **Protocollo opzionale al Patto internazionale sui diritti civili e politici** (New York, 16 dicembre 1966). In Slovacchia pubblicato nel 1991 (169/1991 Zb.). Questo documento descrive un meccanismo per l'implementazione del patto;

- **Patto internazionale sui diritti economici, sociali e culturali**. È un trattato delle Nazioni Unite, nato dall'esperienza della Dichiarazione Universale dei Diritti dell'Uomo, redatto dal Consiglio economico e sociale delle Nazioni Unite, adottato a New York il 16 dicembre 1966 ed entrato in vigore il 3 gennaio 1976. È stato recepito in Slovacchia con la legge n. 120/1976 Zb. Il Patto ribadisce il riconoscimento della dignità inerente a tutti i membri della famiglia umana e dei loro diritti, uguali e inalienabili, costituisce il fondamento della libertà, della giustizia e della pace nel mondo. L'articolo 12 prevede che i Paesi firmatari riconoscano il diritto di ogni individuo a godere delle migliori condizioni di salute fisica e mentale che sia in grado di conseguire. Nell'articolo 14 si evoca il principio dell'istruzione primaria obbligatoria e gratuita per tutti, in grado di contribuire al pieno sviluppo della personalità e consentire a tutti (quindi anche ai disabili) di poter contribuire allo sviluppo della società e partecipare alla vita culturale (art. 15);

- **Convenzione internazionale sui diritti dell'infanzia**[49], approvata a New York dall'Assemblea Generale delle Nazioni Unite il 20 novembre 1989 e recepita nella Repubblica slovacca nel 1991 (104/1991 Zb.). Il documento ha avuto una lunga evoluzione, scandita da due date importanti, quella dell'anno 1924 quando per la prima volta si è fatto riferimento al bambino in quanto tale nella Risoluzione, riconosciuta dalla comunità internazionale, che includeva la Dichiarazione dei diritti del fanciullo

[49] Vedi: https://www.unicef.it/Allegati/Convenzione_diritti_infanzia_1.pdf

di Ginevra, e quella dell'anno 1959, quando la Dichiarazione sui Diritti del Bambino fu promulgata dall'Assemblea Generale delle Nazioni Unite. La nuova Dichiarazione includeva diritti non previsti nella precedente Dichiarazione Universale dei Diritti dell'Uomo: il divieto di ammissione al lavoro per i minori che non abbiano raggiunto un'età minima adatta e il diritto del minore disabile a ricevere cure speciali, un aiuto adeguato alle sue condizioni e alla situazione dei suoi genitori o di coloro ai quali egli è affidato. Questo aiuto è stato concepito in modo tale che i minori handicappati abbiano effettivamente accesso all'educazione, alla formazione, alle cure sanitarie, alla riabilitazione, alla preparazione al lavoro e alle attività ricreative e possano beneficiare di questi servizi in maniera atta a concretizzare la più completa integrazione sociale e il loro sviluppo personale, anche nell'ambito culturale e spirituale. In uno spirito di cooperazione internazionale, gli Stati firmatari dovrebbero favorire lo scambio di informazioni pertinenti alle cure sanitarie preventive e al trattamento medico, psicologico e funzionale dei minori handicappati, anche mediante la divulgazione di informazioni concernenti i metodi di riabilitazione e i servizi di formazione professionale, nonché l'accesso a tali dati, allo scopo di consentire agli Stati firmatari della Convenzione di migliorare le proprie capacità e competenze e di allargare la loro esperienza in tali settori. Inoltre i firmatari hanno ribadito (articolo 23) che un bambino con disabilità mentale o fisica deve poter condurre una vita piena e decente, in condizioni che garantiscano la sua dignità, favoriscano l'autonomia e agevolino la sua attiva partecipazione alla vita della comunità;

- **Convenzione sull'eliminazione di ogni forma di discriminazione della donna** (CEDAW).[50] È una convenzione internazionale adottata il 18 dicembre 1979 a New York dall'Assemblea Generale delle Nazioni Unite. Entrò in vigore il 3 settembre 1981. È stata firmata dalla Repubblica slovacca nel 1987 (62/1987 Zb.). Il documento ribadisce il rispetto dei diritti dell'uomo, della dignità e del valore della persona umana, dell'uguaglianza dei diritti dell'uomo e della donna, e riafferma con forza i diritti delle ragazze e delle donne con disabilità.

[50] Vedi: https://www.unicef.it/Allegati/Convenzione_donna.pdf

All'interno delle Nazioni Unite, i diritti riconosciuti all'uomo semplicemente in base alla sua appartenenza al genere umano e i diritti particolari riguardanti determinati gruppi di persone, come donne, bambini, migranti e persone disabili, sono riconosciuti e confermati da accordi politici intergovernativi e convenzioni di carattere universale.
- **Convenzione sui diritti delle persone con disabilità**[51], emanata nel dicembre 2006 dall'Assemblea Generale delle Nazioni Unite. Il 13 dicembre 2006 fu siglato a New York l'Optional Protocol to the Convention on the Rights of Persons with Disabilities (Protocollo opzionale), un testo integrativo che entrò in vigore il 3 maggio 2008, unitamente alla convenzione principale. Al 2019 l'atto era stato sottoscritto da 94 Paesi e ratificato formalmente da 96. Attraverso i suoi 50 articoli, la Convenzione indica la strada che gli Stati del mondo devono percorrere per garantire i diritti di uguaglianza e di inclusione sociale di tutti i cittadini con disabilità.
Va ricordato che il gruppo delle persone disabili è uno dei più grandi gruppi di persone con un problema specifico al mondo. Una persona su dieci nel mondo ha una disabilità. Le stime delle Nazioni Unite segnalano infatti la presenza, in tutto il globo, di circa 650 milioni di persone disabili. Circa l'80% di loro (circa 400 milioni di persone) vive nei Paesi in via di sviluppo, dove un terzo dei bambini in età scolare è affetto da disabilità. Non va dimenticato che la disabilità colpisce anche le famiglie delle persone con disabilità, ciò significa che in totale riguarda circa un miliardo di persone. Inoltre, è da considerare il fatto che la disabilità è spesso legata all'analfabetismo, alla malnutrizione e alla disoccupazione.

Con l'invecchiamento della popolazione a livello mondiale, il numero delle persone disabili è destinato ad aumentare. Anche nell'Unione Europea la percentuale delle persone disabili è destinata ad aumentare. Attualmente il Forum europeo della disabilità stima il numero dei disabili fra il 10 e il 15% della popolazione europea, per un totale di almeno 50 milioni di persone. Più di un terzo di esse ha un'età superiore ai 75 anni e ha dei problemi di salute.

---

[51] Vedi: https://www.unicef.it/Allegati/Convenzione_diritti_persone_disabili.pdf

L'adozione per approvazione, da parte dell'Assemblea Generale delle Nazioni Unite, del testo di Convenzione internazionale sui diritti delle persone con disabilità, avvenuta il 13 dicembre 2006, segna un passo fondamentale per la tutela delle persone con disabilità e dei loro diritti. Rappresenta la conclusione di un lungo cammino volto alla riaffermazione, avvenuta anche nel corso della Conferenza di Vienna delle Nazioni Unite sui diritti umani del 25 giugno 1993, del principio della universalità, indivisibilità, interdipendenza e interrelazione di tutti i diritti umani. Vale la pena sottolineare che la Convenzione costituisce il primo atto internazionale obbligatorio del 21° secolo in materia di diritti umani, così come è stato definito dalle Nazioni Unite. Va ad integrarsi con gli altri atti internazionali concernenti i diritti umani, già esistenti, che sono applicabili ovviamente alle persone con disabilità, avendo lo scopo di evidenziarne la particolare situazione, di fornire loro maggiore tutela e di migliorare le loro condizioni di vita in qualunque parte del mondo.

Il testo è stato redatto da un Comitato *ad hoc* istituito appunto per preparare il progetto di una convenzione internazionale onnicomprensiva sulla protezione e promozione dei diritti e della dignità delle persone con disabilità, che ha concluso i suoi lavori nel corso della sua ottava sessione tenutasi a New York dal 14 al 25 agosto 2006. In seguito la convenzione è stata aperta alla ratifica e all'adesione degli Stati a partire dal 30 marzo 2007.

Anche l'Unione Europea, nel suo insieme, ha aderito alla Convenzione. Ciò comporta l'obbligo per gli Stati membri a conformarsi alle sue disposizioni circa l'accesso all'istruzione, all'occupazione, ai trasporti, infrastrutture ed edifici aperti al pubblico, al diritto di voto, alla partecipazione alla vita politica e alla garanzia della piena capacità giuridica delle persone disabili.

Il Presidente della Repubblica slovacca ha firmato la Convenzione e il Protocollo opzionale il 26 settembre 2007. Il 26 maggio 2010 la Convenzione e il Protocollo opzionale sono stati ratificati dalla Repubblica slovacca, pubblicati nella Raccolta delle leggi con il n. 217/2010 Zb. e come tali hanno creato l'obbligo di avviare il processo di implementazione della Convenzione nella legislazione nazionale.

L'articolo 1 della Convenzione indica come scopo della Convenzione stessa quello di proteggere e assicurare il pieno ed eguale godimento di tutti i diritti umani e di tutte le libertà fondamentali da parte delle persone con disabilità, cioè coloro che hanno minorazioni fisiche, mentali, intellettuali o sensoriali a lungo termine che in concomitanza con varie barriere possono impedire la loro piena ed effettiva partecipazione nella società su una base di eguaglianza con gli altri. Ribadisce, inoltre, il rispetto per la dignità intrinseca, l'autonomia individuale, compresa la libertà di compiere le proprie scelte, la non discriminazione, la piena ed effettiva partecipazione e inclusione nella società; il rispetto per la differenza e l'accettazione delle persone con disabilità come parte della diversità umana e dell'umanità stessa, la parità di opportunità tra uomini e donne, il rispetto dello sviluppo delle capacità dei minori con disabilità e il rispetto del diritto dei minori con disabilità a preservare la propria identità.

Anche altre agenzie specializzate delle Nazioni Unite si impegnano per migliorare la situazione delle persone con disabilità: l'Organizzazione per l'Educazione, la Scienza e la Cultura (UNESCO) tramite l'educazione speciale; l'Organizzazione Mondiale della Sanità (WHO) fornendo assistenza tecnica nella salute e nella prevenzione; il Fondo Internazionale per i Bambini delle Nazioni Unite (UNICEF) sostenendo programmi rivolti ai bambini con disabilità e fornendo assistenza tecnica in collaborazione con Riabilitazione Internazionale (un'organizzazione non governativa); l'Organizzazione Internazionale del Lavoro (ILO) attraverso il miglioramento dell'accesso al mercato del lavoro, la promozione dell'integrazione economica, l'introduzione degli standard internazionali sul lavoro e la cooperazione degli organismi internazionali.

Diverse iniziative a favore dei disabili sono state promosse anche dall'Unione Europea e dal Consiglio d'Europa e hanno portato allo sviluppo dei sistemi di protezione dei portatori di handicap nel continente europeo. Ecco alcuni documenti importanti in materia:

- **Carta sociale europea**, che è un trattato del Consiglio d'Europa adottato a Torino nel 1961 e rivisto a Strasburgo il 3 maggio 1996. La Carta riveduta, entrata in vigore nel 1999, è stata ratificata dalla Slovacchia con la legge n. 273/2009 Zb. La Carta riconosce il diritto delle persone con disabilità alla formazione professionale, all'assistenza sociale e il diritto al reinserimento professionale e sociale;
- **Convenzione del Consiglio d'Europa per la salvaguardia dei diritti umani e delle libertà fondamentali** (Roma, 4 novembre 1950). È una convenzione internazionale redatta e adottata nell'ambito del Consiglio d'Europa, tuttora considerata il testo centrale in materia di protezione dei diritti fondamentali dell'uomo perché è l'unico dotato di un meccanismo giurisdizionale permanente che consenta a ogni individuo di richiedere la tutela dei diritti ivi garantiti, attraverso il ricorso alla Corte europea dei diritti dell'uomo con sede a Strasburgo. La Convenzione è stata ratificata dalla Slovacchia con la legge n. 79/1994 Zb. Interessante dal punto di vista dei diritti dei disabili è l'articolo 14, che garantisce l'esercizio dei diritti e delle libertà concessi dalla Convenzione senza discriminazioni fondate su motivi di sesso, razza (...) o altro status.[52]

4.3. Il diritto dell'Unione Europea

Nell'ambito dell'Unione Europea, il **Trattato sul funzionamento dell'Unione Europea** (TFUE)[53], da ultimo modificato dall'articolo 2 del trattato di Lisbona del 13 dicembre 2007 è, accanto al **Trattato sull'Unione Europea** (TUE)[54], uno dei trattati fondamentali dell'Unione Europea (UE). Assieme costituiscono le basi fondamentali del diritto primario nel sistema politico dell'UE; secondo l'articolo 1 del TFUE, i due

[52] Cfr. Šmidová, M., Šmid, M.: Ochrana rodiny v sociálnom kontexte / Protection of family in social and legal context. In: Lazar, J., Gajdošová, M. (eds.): *Sociálna funkcia práva a narastajúca majetková nerovnosť / Social function of law and growing wealth inequality*. Trnava: Typi Universitatis Tyrnaviensis, 2018. p. 129-155.

[53] Vedi: https://eur-lex.europa.eu/resource.html?uri=cellar:2bf140bf-a3f8-4ab2-b506-fd71826e6da6.0017.02/DOC_2&format=PDF

[54] Vedi: https://eur-lex.europa.eu/resource.html?uri=cellar:2bf140bf-a3f8-4ab2-b506-fd71826e6da6.0017.02/DOC_1&format=PDF

trattati hanno pari valore giuridico e vengono definiti nel loro insieme come "i trattati". Saltuariamente vengono pertanto anche indicati come "diritto costituzionale europeo", tuttavia formalmente sono trattati internazionali tra gli Stati membri dell'UE.

L'articolo 10 del **Trattato sul funzionamento dell'Unione Europea** (TFUE) esplicita la lotta contro le discriminazioni fondate sul sesso, la razza o l'origine etnica, la religione o le convinzioni personali, la disabilità, l'età o l'orientamento sessuale; mentre gli articoli 151 e 153 dello stesso Trattato assicurano il ruolo centrale dell'UE nel garantire un'adeguata protezione sociale, in particolare nel campo dell'occupazione.

Inoltre, per i Paesi UE diventa giuridicamente vincolante la **Carta dei Diritti Fondamentali dell'Unione Europea**[55], pubblicata nella GU UE sotto il n. 2007 / C 303/01. Nell'articolo 21, paragrafo 1 della Carta è vietata qualsiasi discriminazione, anche per motivi di disabilità. L'articolo 25 riconosce e rispetta il diritto degli anziani di condurre una vita dignitosa e indipendente e di partecipare alla vita sociale e culturale. L'articolo 26, invece, conferma il diritto delle persone con disabilità di beneficiare di misure intese a garantirne l'autonomia, l'inserimento sociale e professionale e la partecipazione alla vita della comunità.

4.4. La legislazione della Repubblica slovacca

La Costituzione della Repubblica slovacca adottata il 1° settembre 1992 (n. 460/1992 Zb.) prevede, nell'art. 12 § 2, che i diritti e le libertà fondamentali sono garantiti nel territorio della Repubblica slovacca a tutti, indipendentemente dal sesso, razza (...) o altro status. L'espressione "altro status" può essere applicata alle persone con disabilità. Con questa affermazione la Costituzione della Repubblica slovacca sancisce il principio secondo cui le persone con disabilità devono avere gli stessi diritti (ma anche obblighi) delle persone senza disabilità. Per quanto riguarda i diritti umani

[55] Vedi: https://eur-lex.europa.eu/legal-content/IT/TXT/PDF/?uri=CELEX:12012P/TXT&from=DE

fondamentali, la Costituzione della Repubblica slovacca aborrisce ogni forma di discriminazione. Questi principi costituzionali sono stati applicati anche in altre norme giuridiche del diritto nazionale slovacco.

La legge n. 447/2008 Zb. regola l'erogazione dei sussidi finanziari per la compensazione delle conseguenze sanitarie, lavorative e sociali di grave disabilità, stabilisce le condizioni per l'emissione della tessera d'invalidità per le persone con una disabilità grave, della tessera per i disabili che necessitano di assistenza continua, della tessera per il parcheggio gratuito per i disabili e descrive altre condizioni e procedure legali necessarie per una perizia medico-legale che qualifichi l'handicappato come bisognoso di cure e assistenza speciale. L'intento del legislatore è quello di facilitare l'integrazione della persona con grave disabilità nella società, sollecitando la sua partecipazione attiva in questo processo e preservando la sua dignità nelle condizioni di fragilità.

La legge n. 448/2008 Zb. sui servizi sociali regola la fornitura di servizi sociali, il loro finanziamento e il controllo della qualità delle prestazioni. La legge, partendo dalla definizione dell'assistenza sociale, si concentra sul contenuto dei servizi erogati a favore delle persone e famiglie disagiate con lo scopo di mantenere, potenziare e/o ripristinare la loro capacità di condurre una vita autonoma, facilitare la loro integrazione nella società, garantire le condizioni necessarie per soddisfare le esigenze primarie di vita, risolvere eventuali situazioni di crisi, prevenire l'esclusione sociale e creare le condizioni per poter conciliare la vita familiare con le esigenze di lavoro. Si precisa, inoltre, che l'intervento dell'assistente sociale è richiesto quando la situazione personale o famigliare di una persona disabile minaccia la sua salute fisica e/o psichica.

Ai sensi del § 33 della legge in questione, l'aiuto dei servizi sociali comprende anche l'intervento precoce rivolto ai minori, anche disabili, di età inferiore ai sette anni di vita in un contesto famigliare sfavorevole di povertà e disagio, che minaccia la salute del bambino e il suo futuro sviluppo. Come parte di questo intervento, viene fornita direttamente sul territorio di residenza o in forma ambulatoriale la consulenza o la riabilitazione sociale specialistica con l'intento di stimolare lo sviluppo del bambino e/o prevenire il suo ulteriore ritardo. È importante coordinare le attività di tutte le istituzioni e i soggetti protagonisti dell'intervento precoce (la famiglia, la comunità locale, gli operatori sanitari, gli assistenti sociali, le istituzioni educative) con l'intento di facilitare l'inclusione sociale del bambino e della sua famiglia.

Ai trattamenti terapeutici nell'ambito dell'intervento precoce viene applicato il principio di accuratezza, trasparenza, parità di trattamento e di uguaglianza senza distinzione di sesso, di razza, di religione, di opinioni politiche, di condizioni personali e sociali, sia nelle strutture pubbliche che in quelle private.

La legislazione slovacca in materia di intervento precoce stabilisce che l'aiuto primario sia fornito dai servizi sociali territoriali. Tale intervento, tempestivo e meno dispendioso in termini di costi e fatica per i genitori, è il più apprezzato, ma se serve una consulenza specialistica di solito si sceglie la modalità ambulatoriale che, anche se si trova in centri più lontani dal domicilio del bambino, garantiscono una diagnosi e un trattamento migliori. Gli obiettivi principali dell'intervento precoce sono: stimolare lo sviluppo del bambino disabile, potenziare le sue funzioni psicomotorie e/o intellettuali indebolite e sostenere i meccanismi compensativi; promuovere lo sviluppo delle sue capacità, abilità e contatti sociali; fornire sostegno a tutti i membri della famiglia affinché siano in grado di far fronte ai bisogni e alle esigenze specifiche del bambino. Sebbene il destinatario dell'intervento precoce sia il bambino con handicap, tutta la sua famiglia ha bisogno di aiuto e ha il diritto di riceverlo.

5. La qualità di vita delle famiglie con un bambino disabile in Slovacchia: risultati di una ricerca sociologica qualitativa

5.1. Il punto di partenza

Le dimensioni sociali della salute, le conseguenze della disabilità o malattia e il suo impatto sulla vita degli individui e delle famiglie, nonché la ricerca dei legami tra fattori culturali, assiologici e sanitari di tutte queste problematiche, sono stati a lungo studiati da molte discipline scientifiche. Quando si parla della presenza di un figlio disabile nel seno della famiglia è doveroso considerare l'impatto e le difficoltà pratiche con i quali quotidianamente la famiglia deve fare i conti.

Molte ricerche mettono in evidenza le difficoltà che la famiglia deve affrontare nell'educazione e nella cura di un bambino handicappato: maggior investimento emotivo, la fatica fisica e mentale che accompagna la ricerca delle soluzioni logistiche migliori per il benessere del figlio, i problemi lavorativi dei genitori che devono conciliare le esigenze del proprio figlio con quelle dei datori di lavoro, significativi oneri finanziari e dispendio di tempo nella ricerca del supporto sociale o dell'assistenza necessaria. Questi aspetti sono legati al tipo e alla gravità della disabilità del bambino, nonché alle risorse di cui dispone la famiglia.

Alcune ricerche riflettono sugli atteggiamenti emotivi dei genitori che vivono lo stadio iniziale della diagnosi e dell'accoglienza del figlio disabile, cercando di ritrovare il proprio equilibrio e di attivare le risorse necessarie per affrontare questa nuova situazione. I risultati indicano l'utilità del supposto emotivo e logistico fornito dai gruppi di mutuo aiuto composti da genitori che vivono gli stessi problemi.

Altri studi si sono concentrati sul legame tra le esigenze familiari percepite e le condizioni di salute e benessere dei membri della famiglia. Risulta che i genitori di un bambino handicappato hanno più problemi con la loro salute e maggiori difficoltà nella gestione della vita famigliare e lavorativa rispetto ai genitori dei bimbi sani. L'entità di queste problematiche dipende dal tempo che dedicano all'assistenza e dalla presenza o meno di un supporto sociale o professionale quotidiano.

Da quanto detto emerge la necessità di conoscere i reali bisogni, le aspettative e le difficoltà di chi assiste un figlio disabile. È altrettanto necessario capire i costi e i benefici di un'assistenza sociale dedicata alle famiglie che vivono tale situazione e avviare appropriati programmi di sostegno professionale a loro dedicato.

5.2. Metodologia della ricerca

La ricerca sociologica sulla qualità di vita delle famiglie con un bambino disabile è un'indagine qualitativa che ha esaminato i bisogni, le difficolta e le esigenze di tali famiglie ed è stata condotta attraverso la somministrazione di un questionario strutturato con 27 domande. La raccolta dei dati primari è stata effettuata online da febbraio a maggio 2018.

Il campione è stato intervistato servendosi della cosiddetta metodologia "della palla di neve" (snowball sampling) che consiste nella distribuzione del questionario dai genitori già intervistati ad altri genitori che vivono la loro stessa situazione, utilizzando le reti dei contatti relazionali. In questo modo il gruppo campione cresce "come una palla di neve che rotola".

Gli intervistati rappresentavano tutte le regioni della Slovacchia, tutte le età e tutti i livelli di istruzione. La maggiore differenza tra loro riguardava il genere: sette intervistati su dieci erano donne.

Successivamente, i dati sono stati elaborati statisticamente al fine di capire come i genitori di bambini disabili percepiscono la qualità della loro vita e di identificare le variabili che la influenzano. L'analisi dei dati ha evidenziato e quantificato le difficoltà che le famiglie incontrano nel prendersi cura dei figli handicappati e ha raccolto le opinioni sul ruolo degli assistenti sociali professionisti.[56]

---

[56] Cfr. Šmidova, M., Šmid, M., Kollárová, M.: *Kvalita života rodín s dieťaťom so špecifickými potrebami*; Trnava : Dobrá kniha, 2019.

5.3. I temi della ricerca

I grandi temi della ricerca erano concentrati in quattro aree.

1. La qualità di vita delle famiglie con un bambino disabile.

Per scopi statistici è stato creato un indice della qualità della vita correlato alle caratteristiche socio-demografiche degli intervistati (ad esempio: l'età, il luogo di provenienza, il livello di istruzione dei genitori, ecc.). L'analisi dei dati ha fornito informazioni più dettagliate sulle differenze nella qualità della vita in base ad alcune caratteristiche monitorate. Risulta che hanno la migliore qualità della vita:

- coloro che nell'accudire il figlio possono contare sull'aiuto del coniuge/partner;
- coloro che nell'accudire il figlio possono contare sull'aiuto della famiglia d'origine;
- le famiglie aiutate da un professionista;
- le famiglie che si prendono cura dei figli disabili ancora piccoli.

Tra i fattori che influenzano in maniera negativa la qualità della vita, gli intervistati hanno elencato: il senso di perdita di controllo sulle cose; i sentimenti d'impotenza e l'abbassamento del tono di umore; la mancanza e/o perdita di progetti a lungo temine; l'isolamento sociale; il peggioramento dello status sociale; il deterioramento della relazione affettiva con il coniuge/partner; l'incapacità di creare nuove relazioni sociali; la mancanza e/o minor qualità del tempo libero.

2. La percezione del supporto sociale.

L'indice del valore che gli intervistati attribuiscono al supporto sociale è stato calcolato sulla base delle risposte alle seguenti affermazioni: "Quando ho bisogno, c'è una persona che mi è vicina"; "C'è una persona con cui posso condividere le mie gioie e le mie preoccupazioni"; "La mia famiglia sta davvero cercando di aiutarmi"; "La mia famiglia mi sta dando il supporto emotivo e l'aiuto necessario"; "C'è una persona che è per me fonte di gioia e di soddisfazione"; "I miei amici stanno davvero cercando di aiutarmi"; "Quando qualcosa va storto, posso contare sui miei amici e fare affidamento su di loro"; "Posso parlare dei miei problemi alla mia famiglia"; "Ho degli amici con i quali posso condividere le mie gioie e le mie preoccupazioni"; "C'è una persona a cui importa come vanno le cose e come mi sento"; "La mia famiglia mi aiuta a prendere le decisioni"; "Posso parlare ai miei amici dei miei problemi".

Questo indice, che attribuisce un valore al sostegno sociale che ottiene la famiglia, rispecchia le caratteristiche socio-demografiche del campione. I dati indicano che il valore più alto del supporto sociale è attribuito dalle donne (indice = 82) piuttosto che dagli uomini (indice = 77). Inoltre, le persone con il più alto livello d'istruzione danno un peso maggiore e apprezzano di più il supporto e l'aiuto ricevuti dall'ambiente.

3. Il bisogno dell'aiuto di un professionista

I dati mostrano che quasi 1/3 dei genitori di bambini disabili più piccoli (tra i 4 e i 15 anni di età) accetterebbe l'aiuto di un professionista "circa una volta alla settimana", più di 1/5 ha scelto l'opzione "mai". La frequenza di aiuto professionale più apprezzata è "circa una volta ogni due settimane". I genitori dei figli più grandi (dai 16 ai 18 anni) hanno scelto in ordine decrescente, con un punteggio simile ai genitori dei bambini più piccoli, le seguenti opzioni: "circa una volta alla settimana", "meno spesso", "mai". Si può notare la sostanziale differenza tra le preferenze dei genitori con figli più piccoli e quelle dei genitori con figli più grandi. Infatti, i primi scelgono l'assistenza professionale più volentieri rispetto agli altri. La differenza si nota anche per quanto riguarda il carattere dell'aiuto dei professionisti. I genitori dei figli più piccoli, rispetto a quelli con i figli di età maggiore di 15 anni, gradirebbero di più un aiuto nelle attività educative incentrate sull'indipendenza del bambino, dei colloqui di consulenza incentrati sulla gestione dello stress e un aiuto nell'organizzazione delle attività ludiche incentrate sull'integrazione sociale del bambino. I genitori dei figli più grandi hanno scelto, in ordine decrescente, l'aiuto dei professionisti nella progettazione delle attività ricreative, nelle attività che stimolano l'indipendenza e nelle attività educative con lo scopo di agevolare l'integrazione sociale dei loro figli. L'ultimo posto lo hanno attribuito ai colloqui di consulenza per i genitori stessi incentrati sulla gestione pratica delle situazioni stressanti.

4. L'impatto della cura del bambino disabile sulla soddisfazione personale e sulla relazione coniugale/sentimentale

Alla domanda "Ti senti felice nella situazione che adesso vivi?" posta ai genitori dei bambini disabili, l'81% degli intervistati ha risposto che si sente "abbastanza felice" e il 12% addirittura "molto felice". Alla domanda "Sei soddisfatto della tua vita?" il 73% dei genitori ha scelto la risposta "abbastanza soddisfatto", mentre il 15% si riteneva "molto soddisfatto". Poco più di 1/5 degli intervistati ha ammesso l'insoddisfazione per la propria vita.

Alla domanda sull'impatto della disabilità del bambino sulla loro relazione coniugale/sentimentale, più della metà (56%) degli intervistati ha dichiarato che la disabilità del bambino ha senza dubbio influenzato o piuttosto influenzato la loro relazione. Secondo i dati della ricerca, la disabilità del bambino ha influenzato di più i genitori nelle famiglie con un minor numero di membri e in quelle con un più basso tenore di vita. Un impatto significativo della disabilità del figlio sulla vita di relazione è avvertito in maniera maggiore dai genitori single.

5.4. I risultati della ricerca

I risultati della ricerca dimostrano che la valutazione soggettiva della qualità della vita è correlata principalmente al livello di educazione dei genitori del figlio disabile: il più alto livello d'istruzione dei genitori corrisponde a una maggiore qualità della vita percepita. Una qualità di vita migliore è riportata, inoltre, dai genitori che possono contare sull'aiuto del coniuge/partner, sul supporto di un ampio contesto famigliare o sulla consulenza professionale nelle situazioni problematiche.

I risultati statistici della ricerca mettono in evidenza l'importanza delle risorse (e non solo delle risorse materiali) delle famiglie che accudiscono un figlio disabile. Si tratta principalmente delle risorse relazionali che incidono positivamente sulla qualità della vita. Se i genitori, e gli altri famigliari, riescono a percepire la disabilità del figlio non come un peso ma la accolgono come una sfida che possono affrontare e vincere, saranno in grado di dare un senso alla loro vita e diventare un esempio prezioso e un'ispirazione per le altre famiglie che vivono dei momenti difficili.

In particolare, lo studio evidenzia la necessità di sostenere le famiglie dall'inizio del loro percorso, cioè dal momento dalla nascita del bambino. Importante si rivela il ruolo del counseling, che accompagna ogni protagonista nel viaggio interiore di elaborazione ed accettazione della realtà alla quale non si può sfuggire.

Come abbiamo accennato nei capitoli precedenti, in Slovacchia non esiste ancora un "servizio di counseling" inserito nell'ambito dell'intervento precoce, visto come parte integrante del percorso e disponibile a tutti sull'intero territorio nazionale. Tuttavia, cresce la consapevolezza degli operatori dei servizi sociali e delle famiglie stesse circa la necessità di un tale supporto. Le esperienze estere, dove il counseling per le famiglie è già un percorso consolidato, confermano appieno la sua utilità ed efficacia. Infatti, nei paesi dell'Europa occidentale e dell'America del Nord l'accompagnamento (il counseling) è già una delle forme collaudate di aiuto alle famiglie in varie situazioni difficili.[57]

In attesa delle decisioni legislative che introducano il counseling nel panorama dei servizi sociali disponibili alle famiglie con figli disabili in Slovacchia, un folto gruppo di volontari, studenti e giovani assistenti sociali, cerca di supplire con il loro servizio a questa mancanza.

---

[57] Cfr. Šmidova, M., Žuffa, J.: Rodičia detí so špecifickými potrebami - vybrané ukazovatele. In: *Prohuman, odborný internetový časopis pre oblasť sociálnej práce, psychológie, pedagogiky, sociálnej politiky a zdravotníctva*. (Internet 10. 08. 2020) In: https://prohuman.sk/pedagogika/rodicia-deti-sopecifickymi-potrebami-vybraneukazovatele

6. Il volontariato come risposta ai bisogni delle famiglie con bambini disabili

La situazione materiale, psicologica, sociale e relazionale delle famiglie con un bambino disabile è di solito molto più complessa rispetto alle altre. Oggi anche allevare un bambino sano, conciliando le esigenze di lavoro e di famiglia, senza trascurare gli impegni verso gli altri e senza scordare i propri bisogni, non è un compito facile. Da una famiglia con un bambino handicappato è richiesto uno sforzo supplementare, quello di prendersi cura dei suoi bisogni particolari nel campo educativo ed assistenziale con l'intento di poterlo inserire nella vita della società.

Sebbene le politiche welfare dello Stato garantiscono il diritto di assistenza sociale alle famiglie in difficoltà, spesso nelle zone rurali del Paese l'accesso a questi servizi non è facile. Proprio per supplire a queste mancanze la cittadinanza attiva, le organizzazioni non governative, le associazioni e vari movimenti hanno creato diversi progetti e iniziative con l'intento di andare incontro alle situazioni di disagio sociale. Il mondo del volontariato ha in questo campo un ruolo insostituibile. Può rappresentare un'alternativa importante per fornire un aiuto immediato ed efficace alle famiglie con un bambino disabile. Varie iniziative educative e ricreative intraprese dai volontari cercano di compensare o alleviare gli svantaggi legati all'handicap, favorendo l'integrazione sociale dei bambini e delle loro famiglie. Anche se il volontariato diventa sempre più popolare, esistono ancora dei pregiudizi sulla modalità di esercitarlo o delle titubanze da parte delle famiglie nell'accettare questo tipo di aiuto. Tali pregiudizi possono essere contrastati attraverso la conoscenza della vera natura del volontariato e il contatto con gli stessi volontari, che con la loro umanità e competenza riescono a dissolvere ogni dubbio e ad abbattere ogni resistenza.

È importante capire il fenomeno del volontariato, conoscere le sue forme, i campi d'azione e le motivazioni delle persone che svolgono quest'attività. Partendo da queste informazioni è possibile esaminare la vasta gamma dei servizi che i volontari svolgono, valutare la loro efficienza e consigliare ad altre persone che lo desiderano di impegnarsi in questo campo.

6.1. La definizione di volontariato

Il volontariato è un fenomeno sociale caratterizzato da tre criteri principali: l'attività non è svolta per un guadagno economico; è volontaria; un eventuale profitto che ne deriva è destinato ad un'altra persona o in beneficenza.[58] Questi criteri sono sufficientemente ampi per poter includere praticamente tutte le forme di volontariato presenti nel mondo, ma distinguono efficacemente il volontariato da altre forme di comportamento che possono somigliargli molto. Soffermiamoci su di essi:

1. Il volontariato non è intrapreso a motivo di un guadagno finanziario.

Se il rimborso spese che le persone ricevono come ricompensa per la prestazione o il lavoro svolto è pari o è superiore al "valore di mercato" attribuito alla mansione svolta, questo non può essere considerato volontariato. Tuttavia, chiunque svolga attività di volontariato ha il diritto di chiedere un rimborso spese all'organizzazione che lo coinvolge; questo è importante, poiché protegge il volontario dal rimanere senza mezzi di sostentamento come conseguenza del coinvolgimento nell'attività di volontariato.

2. Il volontariato è intrapreso di propria spontanea volontà.

Il libero arbitrio è un principio fondamentale di ogni azione volontaria, ma le persone che svolgono il volontariato raramente lo fanno "in modo del tutto disinteressato". Spesso avvertono una certa pressione dal loro ambiente di vita, a volte sono spinte dal desiderio di trovare approvazione o dai loro obblighi sociali, ma tutto questo non contraddice l'autenticità del loro coinvolgimento e la validità delle loro scelte. Tuttavia, il criterio sopracitato aiuta a distinguere il volontariato autentico da altre situazioni in cui esiste un'esplicita coercizione esterna del volontario: ad esempio, laddove le scuole richiedono agli alunni di fare del volontariato, laddove i dipendenti

[58] Cfr. Brozmanová Gregorová, A., Marček, E., Mráčková, A.: *Analýza dobrovoľníctva na Slovensku*. Banská Bystrica: PF UMB, OZ Pedagóg, PDCS, PANET, 2009.

di un'azienda con un programma di volontariato ufficiale sono tenuti a partecipare a certe attività non remunerative o laddove i governi offrono ai giovani la possibilità di prestare il servizio civile come alternativa al servizio militare.

3. Il volontariato porta vantaggi ai terzi e non alle persone che fanno volontariato. Questo criterio aiuta a distinguere il volontariato da un'attività puramente ricreativa come, ad esempio, il calcio (perché anche il giocare una partita di calcio per raccogliere fondi per una buona causa potrebbe sembrare un "attività di volontariato"). La definizione del volontariato permette però un'ampia interpretazione dei beneficiari: include amici, vicini e destinatari definiti in maniera ampia come "la società civile" o "l'ambiente", escludendo solo i famigliari della persona che fa volontariato. Ciò consente di trattare la partecipazione ai gruppi di mutuo aiuto, la partecipazione alle iniziative benefiche di un partito politico o a una raccolta fondi come forme di volontariato.

Questi tre criteri offrono ampio spazio per l'intera gamma delle attività del volontariato. Sarebbe un errore insistere sul fatto che il volontariato può essere esercitato solo in un'organizzazione - senza scopo di lucro, governativa o privata che sia - poiché tale criterio escluderebbe l'aiuto reciproco, così come un aiuto offerto ai vicini o agli amici. Allo stesso modo, non si esige che il volontariato debba sempre comportare un impegno gravoso, regolare e a lungo termine, poiché questo criterio ignorerebbe la natura sporadica e spontanea di gran parte del volontariato attivo nel "terzo settore" accanto ad altre organizzazioni che non rispondono alle logiche del profitto.

Il governo scozzese, definendo le attività del volontariato, ha messo in evidenza un'importante caratteristica che esula dai valori materiali: "Svolgere il volontariato significa condividere il proprio tempo e le proprie energie con gli altri attraverso l'atto della volontà, che in fin dei conti arricchisce il volontario e produce un valore materiale per il beneficiario, un organizzazione o l'intera società. Si tratta di una decisione del libero arbitrio che non è principalmente motivata dal proprio profitto o stipendio."[59] Questa definizione indica la motivazione come chiave di lettura del volontariato. Allo stesso tempo, lo si percepisce come un'attività senza scopo di lucro, che però non esclude la soddisfazione e la gratificazione personale sperimentata dal volontario stesso.

6.2. Le tipologie di volontariato

L'organizzazione *United Nations Volunteers*[60] ha proposto una classificazione del volontariato basata su diversi criteri per poter semplificare le procedure di selezione, supporto e valutazione di numerose attività di volontariato a livello mondiale[61].

Caratteristiche del volontariato ***(secondo United Nations Volunteers)***		
Quadro legislativo - Formale - Informale	**Durata dell'attività** - Una sola volta - Breve durata - Lunga durata	**Natura** - Aiuto reciproco e mutuo aiuto - Partecipazione e autogoverno - Sostegno e organizzazione delle campagne d'aiuto - Filantropia e servizio alla comunità

[59] Cfr. Scottish Government: *Scottish executive Volunteering strategy*. Edinburg, Scottish Government, 2004. p. 1

[60] Cfr: United Nations Volunteers: *Measuring Volunteering: A Practical Toolkit*, Washington DC: Independent Sector, 2001, p. 9-10.

[61] Cfr. Sozanská, O., Tošner, J.: *Metodika dobrovolnictví nezaměstnaných z hlediska projektů Job Rotation*, Praha: Hestia, 2005, p. 38-40.

Presentiamo una breve descrizione delle caratteristiche sopraindicate.

1. Quadro legislativo del volontariato.

Il volontariato può essere svolto in modo informale e formale. Il volontariato informale (spontaneo) è svolto dai volontari dediti all'azione senza nessun accordo scritto (ad esempio: aiuto tra amici, attività di baby-sitter, ecc.), a differenza del volontariato formale che viene svolto presso le organizzazioni giuridicamente riconosciute di ispirazione sociale, religiosa o politica (gruppi scout, associazioni confessionali, ecc.) oppure presso le organizzazioni di carattere nazionale o internazionale (Croce Rossa, Caritas, ecc.). I volontari che scelgono questo tipo di servizio sono tesserati e si impegnano in una determinata attività per un periodo di tempo ben definito secondo le modalità prestabilite.

2. Durata del volontariato.

L'attività di volontariato può essere svolta per diversi intervalli di tempo. A seconda dell'obiettivo prestabilito, il servizio del volontario può essere richiesto solo una volta (es. la partecipazione a una distribuzione di volantini, una raccolta fondi, ecc.). La seconda opzione è il volontariato a breve termine, caratterizzato dal lavoro su un progetto specifico con una durata e un contenuto ben definiti. Di solito questa attività non supera i tre mesi. Può trattarsi, ad esempio, di un soggiorno volontario in un altro Paese, della preparazione e realizzazione di un progetto, della realizzazione di un'opera specifica con una scadenza prefissata, ecc. Un'altra categoria di volontariato include il servizio prestato a lungo termine. Di solito si tratta di un'attività con un contenuto specifico, ma senza limiti alla sua durata, come ad esempio la realizzazione di un progetto educativo in un Paese straniero.

3. Natura del volontariato.

Secondo *United Nations Volunteers* i vari tipi di volontariato possono essere raccolti in quattro categorie[62]. La prima riguarda l'aiuto reciproco e/o l'autoaiuto (*mutual aid, also called self-help*), il cui obiettivo è aumentare la qualità della vita dei membri dello

[62] Vedi: http://www.vaslan.org.uk/resourcekit/sites/default/files/2017-10/5.4.2%20Measuring%20Volunteering%20-%20Toolkit.pdf

stesso gruppo o dell'ambiente in cui vivono. La seconda categoria di volontariato riguarda la partecipazione (*participation and self-governance*) e il suo scopo è quello di promuovere e coordinare iniziative di sviluppo nel proprio ambiente. La terza categoria include l'organizzazione di campagne pubbliche a favore di un cambiamento sociale e la cittadinanza solidale (*campaigning and advocacy*). Altre forme di volontariato includono filantropia e servizio agli altri (*philanthropy or service to others*), che spesso si esprimono attraverso la partecipazione nelle organizzazioni non profit con lo scopo di migliorare la qualità della vita di un gruppo di persone, ovviamente non quello dei volontari stessi. Le persone che svolgono questo tipo di volontariato non si aspettano alcuna ricompensa, lo fanno "*pro bono pubblico*".

6.3. I vantaggi del volontariato

Il volontariato è un fenomeno sociale che consiste essenzialmente nel dedicare tempo e lavoro a diverse cause. L'impegno del volontariato rende concreti i valori umanitari di aiuto e supporto per il prossimo, col fine di alleviare le situazioni di difficoltà e sofferenza in cui versa l'altro. Negli ultimi anni, la sua espansione e accettazione sociale sono aumentate a tal punto che i governi di stati molto diversi l'hanno assimilato come pilastro indispensabile per fornire vari servizi.

L'ONU vede il volontariato principalmente nella sua funzione di servizio che è più che mai richiesto per affrontare le aree di interesse sociale ed economico; è importante nel campo culturale, umanitario e nel mantenimento della pace[63]. Tante organizzazioni operano esclusivamente su base volontaria, soprattutto nelle zone dove la presenza delle istituzioni statali è insufficiente.[64] Questo porta benefici significativi a tante persone, a numerose famiglie e all'intera società civile.

[63] Cfr. United Nations (ONU): *International Year of the Volunteer 2001*, Background Note, United Nations Volunteers, Bonn, Germany, 1999. p. 2.

[64] Cfr. Brozmanová Gregorová, A., Marček, E., Mráčková, A.: *Analýza dobrovoľníctva na Slovensku*. Banská Bystrica: PF UMB, OZ Pedagóg, PDCS, PANET, 2009.

Il volontariato porta anche dei concreti vantaggi economici. Ad esempio, secondo uno studio del Johns Hopkins Institute[65] condotto in 36 Paesi rappresentativi di tutti i continenti, circa il 10% della popolazione mondiale adulta era attivamente coinvolta nel volontariato. Ogni anno, in tutto il mondo, l'attività dei volontari ha generato in media un valore di 316 miliardi di dollari, che rappresenta circa l'1% del prodotto interno lordo di questi 36 Paesi.

Lo scienziato americano David L. Sills[66] ha sintetizzato in modo acuto il contributo del volontariato alla società, affermando che esso:

- promuove la mediazione tra l'individuo e lo Stato;
- facilita l'integrazione delle minoranze nella società. Le minoranze, formando organizzazioni non profit e/o di volontariato, riescono a promuovere i loro diritti e a far conoscere più facilmente le loro istanze al vasto pubblico;
- facilita la diffusione dei valori comuni. Il volontariato formale si sviluppa sulla base dell'associazionismo che raggruppa persone con le stesse vedute, principi e valori. Agendo insieme i volontari verificano, accettano e mettono in pratica questi valori;
- aiuta l'operatività delle istituzioni di pubblica utilità, altrimenti difficili da mantenere con scarse risorse pubbliche (per esempio biblioteche, centri diurni per bambini, ecc.);
- fa da contrappeso al potere statale, quindi facilita l'esercizio di democrazia e dà potere all'opinione pubblica.

Queste caratteristiche sembrano giustificare a sufficienza il valore e l'importanza del volontariato per la società e lo Stato.[67]

Il volontariato avvantaggia anche i volontari stessi. Sembra ovvia l'affermazione che spesso si riceve molto più di quello che si dà. Un'attenta analisi del fenomeno conferma che il volontariato:

---

[65] Cfr. Lester, S.S., Sokolowski, W., Anheier, K. H.: *Volunteering in Cross-National Perspective. Working Paper of the Johns Hopkins Comparative non Profit Sector Project*, N. 40, Baltimore: Johns Hopkins Center for Civil Society Studies, 2000.

[66] Cfr. Sills, L. D.: *The Volunteers: Means and Ends in a National Organization,* Glencoe, Illinois: The Free Press, 1957.

[67] Cfr. Smith, J.D.: Volunteering and Social Development, In: *Voluntary Action: the journal of the Institute for Volunteering Research*. 3, 2000, 1, p. 1-14. In: http://www.ivr.org.uk/images/stories/Institute-of-Volunteering-Research/VA-Documents/VA3_1/article1_davissmith.pdf, on 23/01/2015.

- facilita la conoscenza di nuove persone. L'attività del volontariato riunisce una vasta gamma di persone provenienti da ogni ambiente di vita con interessi simili, che altrimenti non si sarebbero mai incontrate. Lavorare insieme è un ottimo modo per far nascere nuove amicizie o semplicemente per incontrare persone con esperienze di vita diverse dalla nostra, con le quali possono nascere rapporti personali e professionali di lunga durata;
- promuove il networking, cioè insegna a lavorare all'interno di una rete e implica l'essere consapevoli che attorno ci sono altri che quotidianamente affrontano le stesse sfide, incontrano le stesse problematiche e trovano le relative soluzioni. Grazie al networking si può avere accesso alle conoscenze condivise, ampliare la visione del proprio ruolo, affrontare e superare i propri limiti, cogliere nuove opportunità e sentirsi parte di un gruppo.
- arricchisce il curriculum. Le esperienze di volontariato dimostrano competenze umane importanti, quali l'empatia, la capacità di gestione, la capacità di lavorare in squadra, che possono essere documentate in un curriculum. In fondo il volontariato è pur sempre un'esperienza di lavoro, anche se senza uno stipendio. I consulenti del lavoro e i cacciatori di teste (una sorta di intermediari tra azienda e mercato del lavoro) spesso incoraggiano chi è in cerca di lavoro a documentare le esperienze di volontariato pertinenti. Il volontariato aiuta a sviluppare abilità, carattere e equilibrio nella vita. In un sondaggio nazionale negli USA, il 90% dei dirigenti delle aziende Fortune Global 500[68] ha dichiarato di credere che il volontariato aiuta a sviluppare il lavoro di squadra e fornisce preziose opportunità di sviluppo professionale;
- aiuta a imparare nuove abilità. Il volontariato è il mezzo ideale per scoprire in che cosa si è veramente bravi e per sviluppare nuove abilità. Il tempo dedicato al servizio volontario aiuta a perfezionare le proprie competenze secondo i propri tempi, senza le pressioni esterne che invece spesso sono presenti nell'ambito lavorativo;

[68] La classifica Fortune Global 500 è una lista dei primi 500 gruppi economici mondiali, stilata in base al fatturato. La lista è compilata e pubblicata ogni anno dalla rivista *Fortune*.

- accresce la fiducia in se stessi. I volontari sono motivati perché lavorano per una causa in cui credono veramente. Fare in maniera volontaria un'attività che di per sé è fonte di soddisfazione può essere rilassante ed energizzante. Quest'energia e senso di appagamento possono trasmettersi anche ad altri aspetti della vita e, non di rado, aiutano ad alleviare le tensioni del lavoro retribuito e favoriscono lo sviluppo di nuove prospettive occupazionali;
- migliora la salute. Coloro che partecipano ad attività di volontariato dichiarano livelli più elevati di soddisfazione personale, si sentono fisicamente ed emotivamente più forti. Uno studio presentato da Stephen G. Post nell'International Journal of Person Centered Medicine[69] riferisce che la maggioranza dei partecipanti all'indagine ha dichiarato che le loro attività di volontariato li arricchiscono e danno senso alla loro vita. Lo studio rivela che la gente è più felice e più sana, e può anche vivere più a lungo quando contribuisce alla comunità o ad un'organizzazione in cui crede;[70]
- arricchisce la vita in termini di crescita interiore. Il volontario aumenta le relazioni sociali e la conoscenza di realtà diverse, il che accresce il suo bagaglio culturale e la conoscenza delle realtà sociali;
- accresce il senso di comunità, cioè la percezione di similarità con gli altri, la sensazione di appartenere a una struttura pienamente stabile e affidabile, l'interdipendenza che si esprime attraverso la solidarietà. Il volontariato è in definitiva aiutare gli altri e avere un impatto sul benessere delle persone.

Le intuizioni sopraelencate sono confermate da una ricerca empirica condotta da un team di scienziati statunitensi[71] che ha individuato sei categorie principali di

[69] Cfr. Post G. S.: It's good to be good: 2011 5th annual scientific report on health, happiness and helping others, In: *The International Journal of Person Centered Medicine*, 1 2011, 4, p. 814-829.
[70] Il dottor Stephen G. Post ha condotto un sondaggio su 4.582 adulti americani, di cui il 41% ha offerto al volontariato in media due ore alla settimana. Il 68% dei volontari concorda sul fatto che il volontariato li "ha fatti sentire fisicamente più sani" e il 96% afferma che il volontariato "li rende persone più felici". Inoltre, i risultati del sondaggio hanno rivelato che i volontari hanno meno problemi con l'insonnia, vivono con meno ansia e sono più soddisfatti delle loro amicizie.
[71] Cfr. Clary, E. G., Snyder, M., Ridge, R. D., Copeland, J., Stukas, A. A., Haugen, J., Meine, P.: Understanding and assessing the motivations of volunteers: A functional approach. In: *Journal of Personality and Social Psychology*, 74, 1998, 6, p. 1516-1530.

motivazioni per fare il volontariato. Le motivazioni sono un insieme di fattori (bisogni) che danno scopo a un comportamento e in definitiva portano un benessere psicologico per il volontario. Si tratta del *bisogno di conoscenza*, *bisogno sociale*, *bisogno di crescita professionale*, *bisogno di protezione personale* e *bisogno di autostima*. La sesta motivazione, quella che principalmente porta una persona a svolgere un servizio disinteressato, è il desiderio di *realizzare dei valori*, che coincide con la volontà di dare un senso profondo alla propria vita attraverso delle scelte etiche.[72]

I ricercatori hanno basato la loro teoria su un concetto psicologico chiamato "approccio funzionale" applicato al comportamento. Questo approccio parte dalla costatazione che persone diverse spesso scelgono la stessa attività per soddisfare le loro diverse esigenze psicologiche.[73] Tali scelte sono guidate dalle motivazioni, intese come un insieme di bisogni personali e sociali, piani e obiettivi, in grado di influenzare le loro decisioni e spingerle verso un certo comportamento.

6.4 Le motivazioni nel volontariato

La motivazione fornisce un'informazione chiave sulla ragione per cui qualcuno sta svolgendo una determinata attività. Parlando del volontariato, è importante conoscere e far conoscere i motivi che spingono i volontari a scegliere questo tipo di servizio. Se il destinatario di un tale servizio li conosce, capisce e accetta, il comportamento del volontario gli appare più comprensibile e crea le basi per la fiducia reciproca, indispensabile in una relazione di aiuto.

Il termine "motivo" deriva dal latino tardo *motivus* - "mobile" e si riferisce al movimento o a una forza propulsiva che dà spinta ad agire; può essere di natura fisica ma anche mentale o noetica (valoriale). Il motivo può essere definito come "tutto ciò che conduce all'attività"[74], coprendo tutti gli aspetti della vita, dai bisogni più

---

72 Cfr. Godbout, J.T.: *Lo spirito del dono*, Torino: Bollati Boringhieri. 2002.

73 Cfr. Omoto, A. M., Snyder, M.: Basic research in action: Volunteerism and society's response to AIDS. In: *Personality and Social Psychology Bulletin*, 16, 1990, 1, p. 152–165.

74 Říčan, P.: *Psychologie osobnosti: obor v pohybu*. Havlíčkuv Brod: Grada, 2007, p. 92.

elementari, come il bisogno di cibo e sicurezza, ai desideri altruistici di mettersi a servizio senza diritto a una remunerazione. La motivazione è un fenomeno chiave nello studio delle precondizioni di attività in qualsiasi area della vita: lavoro, tempo libero, acquisti di determinati prodotti, ecc. Il marketing, per esempio, consiste nel motivare i potenziali clienti a desiderare o aver bisogno di una cosa o un servizio offerti. Un altro esempio: il grado di motivazione al lavoro è generalmente considerato un prerequisito chiave per l'efficienza e la produttività dei dipendenti. Riassumendo il concetto in una frase, si può dire che la motivazione è una forza propulsiva di qualsiasi attività.

Esistono diversi modelli che spiegano cosa è e come funziona la motivazione. Elenchiamo alcuni di essi:

- modello biosociale di motivazione

La motivazione può essere suddivisa in categorie di istinti, che sono caratteristici sia per gli animali che per gli umani, e di desideri, che derivano dal fattore psicologico caratteristico per l'essere umano. Říčan[75] presenta due principali modelli omeostatici delle forze motivazionali. Essi si riferiscono alla capacità di bilanciare due forze opposte nella ricerca dell'omeostasi, cioè dell'equilibrio. Il primo modello è chiamato "modello di scarsità". Si basa su una "sensazione di scarsità" e su un "desiderio di appagamento". Questo tipo di motivazione è tipico non solo per gli esseri umani ma anche per gli animali. L'esempio è la motivazione a cercare cibo, calore, riparo (sicurezza), ecc. Il secondo modello, il "modello di sfogo", sottolinea la necessità da parte dell'individuo e/o del gruppo di "scaricare" l'energia in forma di rabbia, gioia, ma anche attraverso il soddisfacimento dei bisogni fondamentali. Bilanciando costantemente queste forze, la società e l'individuo creano gradualmente gli schemi di base che promuovono l'omeostasi. Gli psicologi sostenitori della teoria biosociale considerano questo modello esaustivo e aggiungono che i singoli tipi di motivazione sono radicati negli istinti di base, molto simili per tutti gli esseri viventi.[76] Raymond B. Cattell, uno psicologo inglese naturalizzato statunitense, ha elaborato la teoria della

---

[75] Cfr. Říčan, P.: *Psychologie osobnosti: obor v pohybu*. Havlíčkuv Brod: Grada, 2007.
[76] Flanagan, O.: The science of the mind. London: MIT Press, 1996.

personalità in relazione ai bisogni e agli altri tratti specificamente umani[77]. Secondo lui, i bisogni primari (fame, sete, riproduzione/sesso, ecc.) influenzano fortemente il processo decisionale della persona. La motivazione scaturisce direttamente dai bisogni fisiologici e viene traslata al comportamento approvato socialmente. Questa teoria lega le motivazioni alle dinamiche fisiologiche e istintive, tuttavia non è sufficiente per spiegare le motivazioni di natura superiore.

- modello sociale di motivazione

Gli psicologi sociali indicano alcuni principi in grado di stimolare le motivazioni per la scelta del volontariato.[78] Il primo è il principalismo. Motivazioni di questo tipo si basano sul principio etico: una persona svolge un'attività prosociale perché la considera una cosa buona e giusta. Il secondo è il collettivismo, in cui la motivazione dell'attività si basa sulla vicinanza sociale o di parentela. Il terzo principio si basa sull'egoismo e sulla consapevolezza che, alla fine dei conti, aiutare le altre persone porta ad un proprio vantaggio. La quarta categoria è il sanzionismo, che suscita una motivazione basata sulla paura della punizione che potrebbe essere inflitta alla persona stessa o ai suoi cari nel caso che non svolgesse una determinata attività. L'ultima categoria di motivazione è l'altruismo, guidato da un bisogno di aiutare volontariamente gli altri o la società senza aspettarsi una ricompensa.

- modello umanistico di motivazione

Questo modello parte da una visione tridimensionale della personalità, secondo la quale un essere umano ha una dimensione somatica, psicologica e spirituale.[79] Affondando le radici in queste dimensioni, le motivazioni possono avere un carattere biologico/fisiologico, psichico e noetico. Partendo da questi presupposti, lo psicologo statunitense Abraham Maslow nel 1954 propose un modello motivazionale dello sviluppo umano basato su una gerarchia di bisogni[80], disposti a piramide, in base alla quale la soddisfazione dei bisogni più elementari (es. fisiologici) è condizione previa e

---

[77] Cattell, R. B.: The description of personality: Basic traits resolved into clusters. In: *Journal of Abnormal and Social Psychology*, 38, 1943, p. 476-506.

[78] Hogg, M.A., Vaughan, G.M.: *Social Psychology*. London: Prentice Hall, 2008.

[79] Košč, L., Halama, P., Kováč. D. et al.: *Kresťanstvo a psychológia*, Bratislava: Spolok sv. Vojtecha. 2003.

[80] Cfr. Maslow, H. A.: *Teoria della motivazione umana*. Milano: Pirelli, 1973.

necessaria per far emergere quelli di ordine superiore (es. spirituali). Questo modello fa risalire le spinte motivazionali a fattori interni, ignorando l'interazione con l'ambiente esterno. Inoltre, esso è molto rigido, in quanto, come dimostra la realtà dei fatti, non necessariamente una persona deve passare attraverso tutti i livelli della scala gerarchica. La teoria di Maslow, infine, esclude che un individuo possa essere spinto da più bisogni contemporaneamente anche se con diversa intensità.

- modello esistenziale di motivazione

Questo modello tiene conto del libero arbitrio dell'uomo.[81] Insiste sul fatto che una persona può anche sopprimere i suoi bisogni inferiori per raggiungere un obiettivo che considera più importante. In altre parole, può liberamente scegliere di sacrificarsi per il bene dell'altro, trovando in questo una soddisfazione.

6.5. Il modello processuale del volontario

Il volontariato è un'attività che non comporta dei guadagni finanziari o benefici immediati. Ciò non significa che non implichi il bisogno di alcuna forma di gratificazione. Affinché un volontario possa continuare a svolgere il suo servizio a lungo termine, ha bisogno della conferma di validità e di bontà della sua scelta. Desidera vedere realizzate le proprie motivazioni, che inizialmente lo hanno spinto a scegliere una tale attività. È importante che chi organizza e coordina le iniziative del volontariato e i suoi destinatari conoscano queste dinamiche e diano al volontario il modo di vedere realizzato questo suo bisogno.

Consapevoli di tali dinamiche, Omoto e Snyder[82] hanno introdotto il modello complessivo dell'azione del volontario chiamato "Modello processuale del volontario" (Volunteer Process Model). Il modello mette in evidenza determinati fattori che

---

[81] Cfr. Popielski, K.: Noetická dimenzia osobnosti - psychologická analýza pocitu zmyslu života. Trnava: Typi Universitatis Tyrnaviensis, 2005.

[82] Cfr. Clary, E. G., Snyder, M., Ridge, R. D., Copeland, J., Stukas, A. A., Haugen, J., Meine, P.: Understanding and assessing the motivations of volunteers: A functional approach. In: *Journal of Personality and Social Psychology*, 74, 1998, 6, p. 1516-1530.

portano una persona a svolgere l'attività di volontariato. Questi fattori hanno un impatto significativo sull'efficacia, durata e stabilità di un tale impegno.

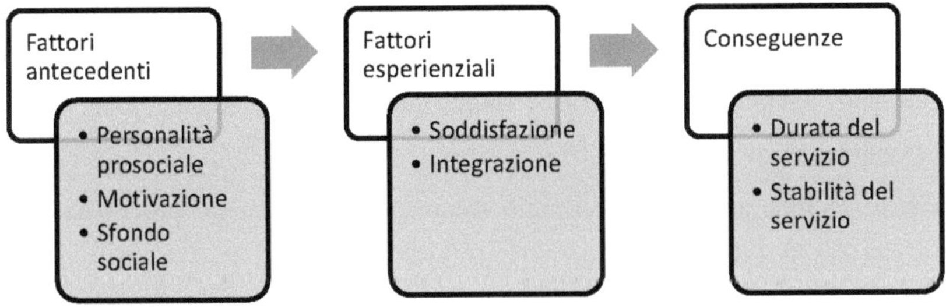

Modello processuale del volontariato (Omoto A. M., Snyder M.)

I fattori indicati dagli autori possono essere descritti in questo modo:

1. Fattori antecedenti, che indicano le ragioni che hanno spinto il volontario a svolgere il volontariato. Riguardano i fattori individuali, organizzativi e sociali antecedenti la scelta di impegnarsi nel volontariato. Sono correlati al tipo di personalità, alle motivazioni sorgive, al background sociale e al contesto famigliare del futuro volontario. Omoto e Snyder hanno scoperto che le motivazioni focalizzate sull'altro sono più importanti all'inizio del volontariato, invece le motivazioni autoorientate determinano la durata del servizio di volontariato;

2. Fattori esperienziali, che indicano il modo in cui il volontario vive il servizio di volontariato e l'appagamento che sperimenta nel suo servizio. Il primo fattore riguarda la soddisfazione che deriva dalla realizzazione delle motivazioni iniziali che hanno spinto un individuo a svolgere il volontariato (per esempio, il volontariato internazionale può soddisfare una persona la cui motivazione è quella di conoscere diverse nazionalità). Inoltre, dal punto di vista della gratificazione è molto importante percepire un feedback positivo dall'ambiente. Il secondo fattore esperienziale riguarda l'integrazione nel gruppo, il modo in cui il volontario si sente di farne parte, ne

condivide gli obiettivi e si lascia coinvolgere nel servizio. L'ultimo fattore, ma non meno importante dei precedenti, è la qualità della supervisione che facilita la coesione del gruppo, rendendo il volontario più consapevole delle dinamiche che vive;

3. Conseguenze. Sono gli effetti misurabili della motivazione del volontario. La durata e la stabilità del servizio (il tempo per il quale il volontario rimane in un'organizzazione di volontariato) confermano la soddisfazione che egli sperimenta e una corretta impostazione delle sue attività.

Il modello include anche una variabile chiamata "cambiamento processuale" nel tempo e nella soddisfazione. Partendo dalle proprie motivazioni, l'aspirante volontario sceglie il tipo di volontariato che corrisponde meglio alle sue aspettative. Le motivazioni, inizialmente influenzate da fattori antecedenti e dall'identificazione con il proprio ruolo, successivamente sono rettificate a seconda della percezione del lavoro svolto, dei risultati e delle gratificazioni ottenuti, e quindi possono mutare nel tempo. È importante che il volontario si renda conto di questi cambiamenti e li elabori in maniera consapevole.

7. La formazione in counseling

La formazione in counseling avviene parallelamente su due livelli: quello teorico, che comprende l'approfondimento delle teorie e delle tecniche da utilizzare nella relazione di aiuto, e quello pratico, che comprende il tirocinio nel quale i futuri counselors si incontrano con le persone che hanno bisogno d'aiuto, conoscono le situazioni in cui si trovano, formulano una diagnosi e una prognosi per il cammino futuro. Le esperienze raccolte durante il tirocinio sono poi discusse nel gruppo di formazione. Questo permette, tramite il confronto moderato dal formatore, di rendere i futuri counselors più consapevoli delle proprie risorse e consente di evidenziare le attitudini da perfezionare nel corso della formazione.

7.1. I tirocini pratici di formazione in counseling

In Slovacchia la formazione accademica in counseling è solo agli inizi. Per questo motivo i docenti del Dipartimento di scienze della famiglia della Facoltà di Teologia dell'Università di Trnava hanno voluto far conoscere meglio agli studenti questo metodo di aiuto. I tirocini pratici sono stati offerti agli studenti dell'indirizzo di lavoro sociale centrato sulla famiglia e a quelli dell'indirizzo di teologia che desideravano conoscere meglio le problematiche delle famiglie in difficoltà e, in particolare, di quelle con bambini disabili.

I tirocini organizzati dai docenti hanno visto una numerosa partecipazione di studenti desiderosi di integrare il counseling nel loro curriculum di studi e di esercitarlo come volontariato.[83] L'applicazione della relazione di aiuto al lavoro sociale rappresenta ancora una certa novità nella realtà slovacca. Non sorprende quindi che la possibilità di partecipare ai tirocini sia stata accolta con entusiasmo.

---

[83] Cfr. Tošner, J. Sozanská, O.: *Dobrovoľníci a metodika práce s nimi v organizáciách*. Praha 2002.

I tirocini si svolgevano fuori città, durante i fine settimana, e grazie alla partecipazione dei docenti e degli specialisti in counseling hanno garantito un alto livello di competenza. I volontari hanno potuto incontrare famiglie che vivevano diverse situazioni difficili: famiglie con bambini disabili o con problemi di apprendimento, famiglie numerose con difficoltà economiche, quelle che vivevano una crisi di coppia o quelle che dovevano ancora elaborare la diagnosi di una malattia del proprio figlio. Il contatto quotidiano con queste realtà ha permesso loro di conoscere da vicino molte situazioni delicate e gli ha fatto comprendere quelle difficoltà della vita famigliare che nessun libro di testo potrebbe mai spiegare a sufficienza. Gli studenti hanno potuto apprezzare il valore del mutuo aiuto che le persone in situazioni difficili sapevano dare alle altre, memori dell'aiuto ricevuto a loro volta nei momenti di fragilità. Hanno imparato che ascoltare e aiutare gli altri spesso apre la strada dell'autentica conoscenza di se stessi, delle proprie risorse e dei propri limiti. Hanno capito che il volontario è chiamato a dare molto agli altri, ma allo stesso tempo riceve molto. Si sono accorti che aiutare gli altri vale a dire essere empatici, ma significa anche proteggere se stessi dal sovraccarico emotivo per poter svolgere il servizio con efficacia.[84]

7.2. L'organizzazione e lo svolgimento del tirocinio

Il tirocinio è stato sviluppato dal team dei docenti del Dipartimento di scienze della famiglia come parte del progetto KEGA n. 010TTU-4/2014 con lo scopo di introdurre il nuovo elemento dell'accompagnamento (counseling) nella formazione degli assistenti sociali che in futuro lavoreranno con le famiglie e nel mondo del volontariato.

Il progetto è stato articolato in varie fasi collegate in maniera organica tra di loro, con l'intento di rendere più facile la trasmissione dei contenuti formativi agli studenti e preservare quel clima di fiducia e spontaneità che faceva sentire i clienti - le famiglie

[84] Klčovanská, E., Nemčíková, M.: Výskum vykonaný v rámci doktorandskej práce, Trnavská univerzita, Filozofická fakulta, Katedra psychológie 2013.

con bambini disabili - a loro agio. La buona comunicazione tra i membri dello staff formativo, gli studenti, i volontari e le famiglie si è rivelata fondamentale per la riuscita del progetto.[85] L'iter del tirocinio è stato suddiviso in tre tappe.

1. La preparazione metodologica e logistica del tirocinio da parte dei docenti/supervisori

Durante la fase preparatoria era fondamentale definire la natura, l'orientamento teorico, il luogo e la durata del tirocinio. Importante era la scelta del gruppo dei clienti (target group), in cui bisognava tener conto della giusta proporzione numerica tra i partecipanti: clienti, formatori e studenti. Si è concordato che il numero massimo dei clienti non avrebbe dovuto superare le 25 persone e richiedere la presenza di 4 docenti e 7 studenti. Successivamente sono state individuate le persone disposte a partecipare al tirocinio. I formatori hanno contattato alcuni enti e associazioni (Centri per la famiglia, Società per la sindrome di Down in Slovacchia, ecc.) che, interpellando i loro membri, hanno offerto un aiuto prezioso. In seguito i docenti hanno incontrato le famiglie indicate con l'intento di presentare loro il progetto formativo, conoscere la loro situazione, le difficoltà e le problematiche inerenti allo stato di salute dei bambini, le aspettative e le altre esigenze personali. In un secondo tempo alle famiglie che hanno espresso il desiderio di partecipare al progetto sono state fornite le informazioni dettagliate sul suo svolgimento.

La conoscenza delle esigenze specifiche dei clienti ha permesso di comporre in maniera appropriata lo staff dei supervisori che doveva includere l'assistente sociale, il pedagogo infantile, lo psicologo e un docente universitario. Il passo successivo prevedeva la selezione degli studenti e il loro inserimento in un gruppo più adatto alle loro esigenze e capacità.

Importante dal punto di vista logistico era anche la scelta del luogo del tirocinio che doveva svolgersi in un ambiente privo di ostacoli e barriere architettoniche, dove le famiglie e i bambini potevano rilassarsi, godendo la bellezza della natura.

---

85 Trębski K.: The counselling – a useful tool in helping professions, In: *Charity, Philanthropy and Social Work*. 2, 2015. p. 19-28.

2. La preparazione del programma del tirocinio

Il programma, basandosi sulla visione olistica della persona umana, voleva fornire agli studenti e volontari gli strumenti utili per poter aiutare le famiglie in difficoltà tramite l'accompagnamento e l'utilizzo delle tecniche di counseling.

Il programma generale del tirocinio doveva essere composto da due programmi distinti ma compatibili: il programma per gli studenti e quello per i docenti-formatori. Il programma seguito dai docenti è stato elaborato in sede separata durante alcuni workshop assieme agli esperti in counseling e ai consulenti esterni.

Interessante e ben articolata è stata la preparazione e la ricezione del programma da parte degli studenti che si esprime nelle seguenti tappe:

A) La conoscenza della specificità del progetto e del target dei clienti.

Durante l'incontro con il docente responsabile del tirocinio gli studenti hanno approfondito la natura del progetto e il loro ruolo al suo interno. La riunione era importante per informare e motivare gli studenti, ma anche per rispondere ai loro quesiti e dissipare i loro dubbi. Il docente ha presentato le caratteristiche del gruppo target (dimensione, specificità, situazione sociale delle famiglie con i loro bisogni ed esigenze, ecc.) raccogliendo il feedback degli studenti, alcuni dei quali avevano già partecipato ad iniziative simili che hanno raccontato presentando foto e videoregistrazioni. Alla fine è stato stilato un elenco dei clienti con le informazioni essenziali sulle loro esigenze specifiche, consultabile dagli studenti prima di ogni incontro e in seguito da loro aggiornato.

B) La programmazione iniziale.

In un secondo incontro gli studenti hanno riflettuto sui contenuti del tirocinio in vista delle loro future prospettive lavorative e preferenze personali. Hanno fatto proposte sugli argomenti e le problematiche che avrebbero voluto conoscere o approfondire meglio.

Durante questa riunione il docente responsabile del tirocinio ha assunto il ruolo di facilitatore, ascoltando le proposte e assegnando ad alcuni studenti il compito di approfondire e riferire in forma di presentazione le tematiche che avevano suscitato il maggior interesse della platea.

C) La verifica delle proposte e la redazione del programma.

L'incontro successivo è stato dedicato alla verifica delle proposte degli studenti fatte nelle precedenti riunioni. È stata usata la tecnica del *circle time* ("cerchio della condivisione"): i partecipanti si sono radunati in cerchio per potersi scambiare le idee. Questo metodo alludeva alle tecniche che sono utilizzate spesso in presenza dei clienti, che permettono lo scambio di idee in modo paritetico e che motivano e responsabilizzano i partecipanti. Le proposte raccolte sono state integrate nel programma redatto insieme e sottoposto successivamente alla valutazione degli esperti.

3. La realizzazione del tirocinio

Gli studenti e l'équipe formativa sono arrivati qualche tempo prima nel luogo dove si svolgeva il tirocinio per preparare la struttura all'accoglienza delle famiglie e occuparsi di alcuni aspetti logistici. Era necessario individuare gli spazi comuni e quelli per le attività di gruppo. Il programma del tirocinio prevedeva l'incontro quotidiano dei docenti con gli studenti per poter scambiare le esperienze, ricevere i feedback e trovare le soluzioni ai problemi emergenti. La massima importanza è stata data alle interazioni spontanee tra i partecipanti. I racconti biografici, le testimonianze delle famiglie e il confronto diretto con le diverse realtà da loro vissute hanno fornito agli studenti degli input importanti per poter approfondire la conoscenza delle nuove tematiche.

L'efficacia del tirocinio è stata verificata tramite dei feedback immediati forniti dagli studenti stessi e dalle persone aiutate, ma anche misurata nel tempo con degli appositi questionari per poterne vedere i vantaggi a breve e a lungo termine.

Conclusione

Le famiglie con un bambino disabile devono affrontare diverse problematiche legate alla loro situazione di vita. Spesso trovano difficoltà nell'accogliere la diagnosi e far fronte alle esigenze del figlio. Il libro presenta il vissuto di queste famiglie, ma prospetta anche un ventaglio di interventi e soluzioni in grado di dar loro supporto e un aiuto concreto.

Di fondamentale importanza è l'intervento precoce in grado di arginare i danni, promuovere la compensazione dei deficit esistenti e avviare il percorso di riabilitazione. Uno degli strumenti che riescono a garantire un supporto alle famiglie con figli disabili è il counseling, la relazione d'aiuto ricca di umanità e competenza. È un approccio di ampio respiro, che non si accontenta di rimettere a posto qualche "pezzetto dell'ingranaggio famigliare" perché ritorni a funzionare: è una premessa del cambiamento che rende la vita degna di essere vissuta.

Bibliografia

BAZALOVÁ, B.: *Dítě s mentálním postižením a podpora jeho vývoje*. Praha: Portál, 2014.

BRAUNSTEINER G., TRĘBSKI K., CSONTOS L.: *Obnovená teológia manželstva a rodiny*, Trnava: Dobrá kniha 2019.

BROZMANOVÁ GREGOROVÁ, A., MARČEK, E., MRÁČKOVÁ, A.: *Analýza dobrovoľníctva na Slovensku*. Banská Bystrica: PF UMB, OZ Pedagóg, PDCS, PANET, 2009.

BURR, W.R., KLEIN, S.R.: Reexamining Family Stress. New Theory and Research, London: Sage, 1994.

CANGÁR, M. et al.: *Včasná intervencia a diagnostika pre osoby so zdravotným postihnutím v Slovenskej republike*. Bratislava: Rada pre poradenstvo v sociálnej práci, 2016.

CARBONETTI D., CARBONETTI G.: *Vivere con un figlio* Down, Milano: Franco Angeli, 1996, p. 31.

CATTELL, R. B.: The description of personality: Basic traits resolved into clusters. In: *Journal of Abnormal and Social Psychology*, 38, 1943, p. 476-506.

CIGOLI, V.: Il corpo ferito. Disabilità e relazioni familiari. In: *Proposte terapeutiche per il ritardo mentale*, 2, 1993, 1, p. 14-21.

CLARY, E. G., SNYDER, M., RIDGE, R. D., COPELAND, J., STUKAS, A. A., HAUGEN, J., MEINE, P.: Understanding and assessing the motivations of volunteers: A functional approach. In: *Journal of Personality and Social Psychology*, 74, 1998, 6, p. 1516-1530.

COLELLA E., Taberna R.: Davanti a un bambino inatteso, In: *Animazione Sociale*, 36, 206, 2006, p. 81-89.

CORETH, E.: Co je člověk? Praha: Zvon, 1994, p. 159.

COREY, G.: *Theory and Practice of Counseling and Psychotherapy*. United States of America: Brooks/Cole 2009.

DALL'AGLIO, E.: Handicap e famiglia. Handicap e collasso familiare. In: *Quaderni di Psicoterapia Infan*tile, 29, Roma: Borla, 1994.

DAWIN, J.: *Una vita possibile*. Torino: Sei, 1991.

DICKMAN, I., GORDON, S.: *Un miracolo per volta: Come ottenere aiuto per il bambino disabile - dalle esperienze di altri genitori.* New York: Simon e Schuster, 1985, p. 109.

DUNN, J.: *Sisters and Brothers*. London: Fontana Books. 1984.

ENGELS, D. W., DAMERON, J. D.: *The Professional counselor: Competencies, performance guidelines, and assessment.* Alexandria: American Association for Counseling and Development, 1990. p. 1-12.

EUROPEAN AGENCY FOR DEVELOPMENT IN SPECIAL NEEDS EDUCATION: *L'intervento di sostegno per i bambini disabili in età prescolare. Analisi delle Realtà Europee. Aspetti Chiave e Raccomandazioni.* Internet (20. 08. 2020) In https://www.european-agency.org/sites/default/files/early-childhood-intervention-analysis-of-situations-in-europe-key-aspects-and-recommendations_eci_it.pdf

FITZNEROVÁ, I.: *Máme dítě s handicapem.* Praha: Portál, 2010.

FLANAGAN, O.: The science of the mind. London: MIT Press, 1996.

GARGIULO, R.: *Lavorare con i genitori di bambini handicappati*, Bologna: Zanichelli, 1987.

GENERAL ASSEMBLY ONU: *Standard Rules on the Equalization of Opportunities for Persons with Disabilities.* In: https://www.un.org/development/desa/disabilities/standard-rules-on-the-equalization-of-opportunities-for-persons-with-disabilities.html

GIORDANI, B.: *Il colloquio psicologico nell'azione pastorale.* Brescia: La Scuola Editrice; Roma: Antonianum, 1973, p. 66.

GODBOUT, J.T.: *Lo spirito del dono*, Torino: Bollati Boringhieri. 2002.

HOGG, M.A., VAUGHAN, G.M.: *Social Psychology*. London: Prentice Hall, 2008.

HORŇÁKOVÁ, M.: *Včasná intervencia orientovaná na rodinu*. Bratislava: Univerzita Komenského, 2010.

HRADILKOVÁ, T. et al.: *Naše cesta. Metody práce s rodinou v rané péči*. České Budějovice: Středisko rané péče SPRP, 2012. 55 p. ISBN 978-80-87510-20-9.

KEARNEY, P. M., GRIFFIN, T.: Between joy and sorrow: Being a parent of a child with developmental disability. In: *Journal of Advanced Nursing*, 34, 2001, 5, p. 582-592.

KLČOVANSKÁ, E. NEMČÍKOVÁ, M.: Výskum vykonaný v rámci doktorandskej práce, Trnavská univerzita, Filozofická fakulta, Katedra psychológie, 2013.

KOŠČ, L., HALAMA, P., KOVÁČ. D. et al.: *Kresťanstvo a psychológia*, Bratislava: Spolok sv. Vojtecha. 2003.

LAZARUS, R.S.: *Emotion and adaptation*. London: Pxfford University Press, 1991.

LESTER, S.S., SOKOLOWSKI, W., ANHEIER, K. H.: *Volunteering in Cross-National Perspective. Working Paper of the Johns Hopkins Comparative non Profit Sector Project*, N. 40, Baltimore: Johns Hopkins Center for Civil Society Studies, 2000.

MASLOW, H. A.: *Teoria della motivazione umana*. Milano: Pirelli, 1973.

MCCUBBIN, H. I., PATTERSON, J. M. (1982). Family adaptation to crisis. In: McCubbin, H. I., CAUBLE, A.E., PATTERSON, J. M. (Eds.): *Family stress, coping, and social support*. Springfield: Charles C. Thomas, 1982, p. 26-47.

MCGOLDRICK, M., HEIMAN, M., CARTER, B.: The changing family life cycle. In: Walsh, F. (ed). *Normal Family Processes*. New York: Guilford Press, 1993, p. 405-443.

MUCCHIELLI, R.: *Apprendere il counseling*. Trento: Centro Erickson, 1987.

OMOTO, A. M., SNYDER, M.: Basic research in action: Volunteerism and society's response to AIDS. In: *Personality and Social Psychology Bulletin*, 16, 1990, 1, p. 152–165.

PAIN, H.: Coping with a child with disabilities from the parents' perspective: the function of information. In: *Child: Care, Health and Development*, 25 1999, 4, p. 299-313.

PELCHAT, D., BISSON, J., BOIS, C., SAUCIER, J.F.: The effects of early relational antecedents and other factors on the parental sensitivity of mothers and fathers. In: Infant and Child Development, 12, 2003, 1, p. 27- 51.

PELCHAT, D., LEFEBVRE, H.: *Apprendre ensemble. Le PRIFAM, Programme d'Intervention interdisciplinaire et familiale*, Montréal: Chenelière Education, 2005.

POPIELSKI, K.: Noetická dimenzia osobnosti - psychologická analýza pocitu zmyslu života. Trnava: Typi Universitatis Tyrnaviensis, 2005.

POST G. S.: It's good to be good: 2011 5th annual scientific report on health, happiness and helping others, In: *The International Journal of Person Centered Medicine*, 1 2011, 4, p. 814-829.

ŘÍČAN, P.: *Psychologie osobnosti: obor v pohybu*. Havlíčkuv Brod: Grada, 2007.

ROGERS, C.: La terapia centrata sul cliente. In: Arieti, S. (ed.): *Manuale di psichiatria*. Torino : Boringhieri, 1970, p. 195.

ROGERS, C.: Un modo di essere, Firenze: Martinelli, 1983, p. 121.

SCORGIE, K., SOBSEY, D.: Transformational outcomes associated with parenting children who have disabilities. In: *Mental Retardation*, 38, 2000, 3, p. 195-206.

SCORGIE, K., WILGOSH, L., MCDONALD, L.: Transforming Partnerships: Parent Life Management Issues when a Child has Mental Retardation. In: *Education and Training in Mental Retardation and Developmental Disabilities*, 34, 1999, 4, p. 395-405.

SCOTTISH GOVERNMENT: *Scottish executive Volunteering strategy*. Edinburg, Scottish Government, 2004. p. 1

SILLS, L. D.: *The Volunteers: Means and Ends in a National Organization,* Glencoe, Illinois: The Free Press, 1957.

SMITH, J.D.: Volunteering and Social Development, In: *Voluntary Action: the journal of the Institute for Volunteering Research*. 3, 2000, 1, p. 1-14. In:

http://www.ivr.org.uk/images/stories/Institute-of-Volunteering-Research/VA-Documents/VA3_1/article1_davissmith.pdf, on 23/01/2015.

SOZANSKÁ, O., TOŠNER, J.: *Metodika dobrovolnictví nezaměstnaných z hlediska projektů Job Rotation*, Praha: Hestia, 2005, p. 38-40.

SPALLETTA E., GERMANO F.: Microcounseling e Microcoaching, *Manuale operativo di strategie brevi per la motivazione al cambiamento*, Roma: Sovera, 2006.

ŠMIDOVA, M., ŠMID, M., KOLLÁROVÁ, M.: *Kvalita života rodín s dieťaťom so špecifickými potrebami*; Trnava : Dobrá kniha, 2019.

ŠMIDOVÁ, M., ŠMID, M.: Ochrana rodiny v sociálnom kontexte / Protection of family in social and legal context. In: Lazar, J., Gajdošová, M. (eds.): *Sociálna funkcia práva a narastajúca majetková nerovnosť / Social function of law and growing wealth inequality*. Trnava: Typi Universitatis Tyrnaviensis, 2018. p. 129-155.

ŠMIDOVA, M., ŽUFFA, J.: Rodičia detí so špecifickými potrebami - vybrané ukazovatele. In: *Prohuman, odborný internetový časopis pre oblasť sociálnej práce, psychológie, pedagogiky, sociálnej politiky a zdravotníctva*. (Internet 10. 08. 2020) In: https://prohuman.sk/pedagogika/rodicia-deti-sopecifickymi-potrebami-vybraneukazovatele

ŠMIDOVÁ, M.: *Perspektívy pomoci ľuďom s postihnutím a ich rodinám*. Trnava: Dobrá kniha, 2014.

TAANILA, A., SYRJÄLÄ, L., KOKKONEN, J.E., JÄRVELIN, M.R.: Coping of parents with physically and/or intellectually disabled children. In: *Child Care, Health e Development*, 28, 2002, 1, p. 73- 86.

TOŠNER, J. SOZANSKÁ, O.: *Dobrovoľníci a metodika práce s nimi v organizáciách*. Praha 2002.

TRĘBSKI K.: *Il colloquio. Strumento d'intervento nel counseling*, Berlin: Edizioni Sant'Antonio, 2019.

TRĘBSKI K.: *La comunicazione in famiglia*, Berlin : Edizioni Sant'Antonio, 2020

TRĘBSKI K.: *The counselling - a useful tool in helping professions*, In: Charity, Philanthropy and Social Work. 2, 2015. p. 19-28.

TRĘBSKI, K.: *Comunicazione e counseling. Aspetti propedeutici*. Warszawa: RHETOS, 2017.

TRĘBSKI, K.: *Counseling come accompagnamento e relazione d'aiuto. Approccio integrato*, Warszawa: RHETOS, 2017.

UNITED NATIONS (ONU): *International Year of the Volunteer 2001*, Background Note, United Nations Volunteers, Bonn, Germany. 1999. p. 2.

UNITED NATIONS VOLUNTEERS: *Measuring Volunteering: A Practical Toolkit*, Washington DC: Independent Sector, 2001, p. 9-10.

WERNER, S., EDWARDS, M., BAUM, N., BROWN, N., BROWN, R.I., ISAACS, B.J.: Family quality of life among families with a member who has an intellectual disability: an exploratory examination of key domains and dimensions of the revised FQOL Survey. In: *Journal of Intellectual Disability Research*, 53, 2009, 6, p. 501-511.

ZANOBINI, M., FREGGIARO, D.: Una nuova immagine della paternità: autobiografie di padri con figli disabili. In: Zanobini M., Manetti M., Usai M.C.: *La famiglia di fronte alla disabilità. Stress, risorse e sostegni*, Trento: Erickson edizioni, 2002, p. 123-150.

ZANOBINI, M., MANET, M., USUAI, M. C.: *La famiglia di fronte alla disabilità, stress, risorse e sostegni*, Trento: Erickson edizioni, 2002.

Recensione scientifica / vedeckí recenzenti:

Prof. Arnaldo Pangrazzi, PhD. Prof. em. - Istituto Internazionale di Teologia Pastorale Sanitaria "Camillianum", Pontificia Università Lateranense, Città del Vaticano. Prof. ThDr. RNDr. Ladislav Csontos SJ, PhD. - Teologická fakulta Trnavskej univerzity v Trnave (Bratislava, Slovacchia)

Pagine 94 - Cartelle editoriali standard da 1800 battute (spazi inclusi) 108,91

(na Slovensku počet autorských hárkov: 5,44 AH)

Printed by Books on Demand GmbH, Norderstedt / Germany